KOCHEN mit den Sternen

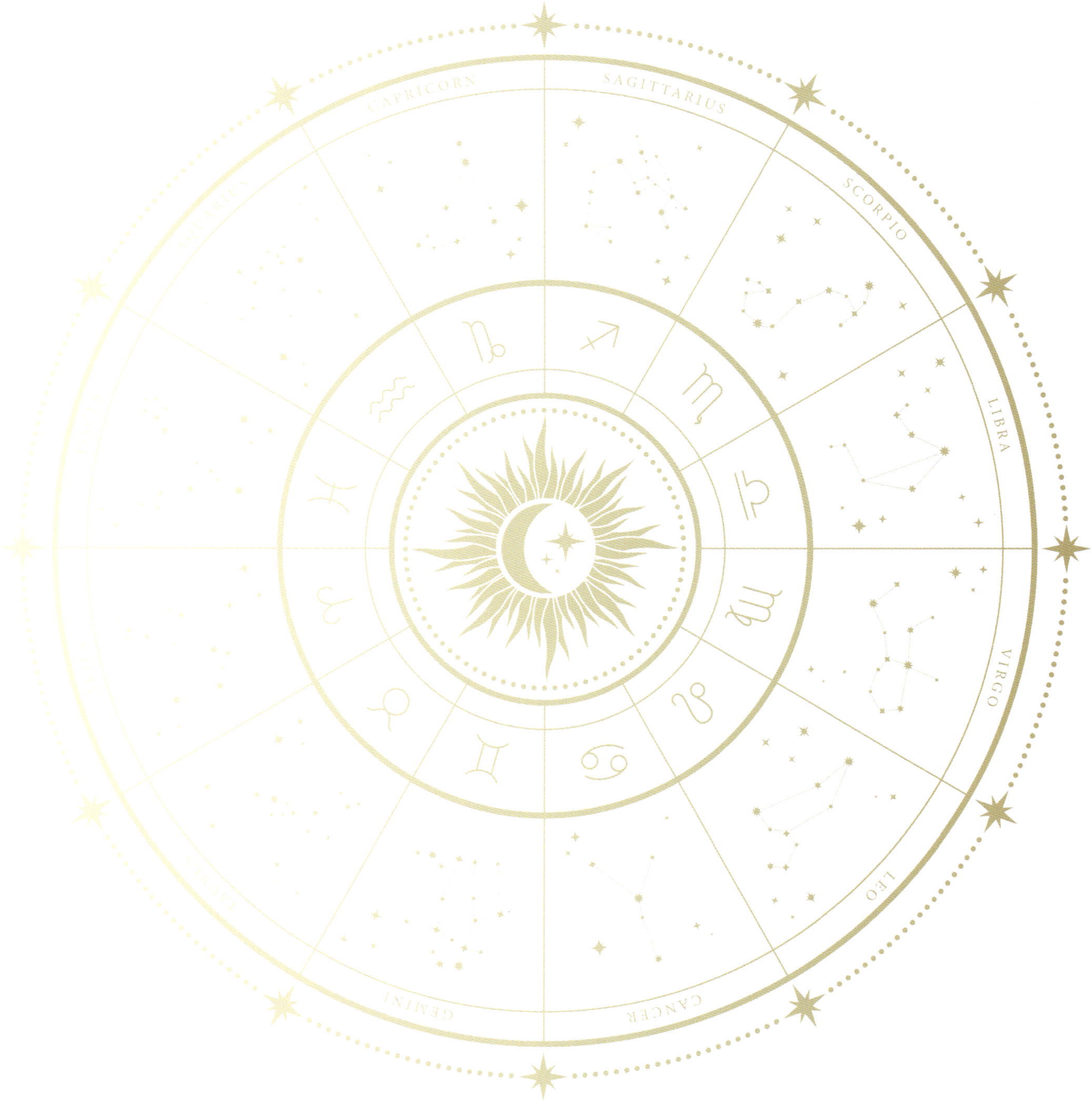
CAPRICORN
SAGITTARIUS
SCORPIO
LIBRA
VIRGO
LEO
CANCER
GEMINI

Antonia Langsdorf ✦ Udo Thies

KOCHEN mit den Sternen

Mit Grundlagen der Astrologie und
über 50 Rezepten garantiert
jedes Sternzeichen glücklich machen

EMF

EIN BUCH DER
EDITION MICHAEL FISCHER

Inhaltsverzeichnis

Vorwort

Alle Dinge des Universums sind miteinander verknüpft und stehen in einer engen Beziehung. Das betrifft die Schicksale der Menschen ebenso wie die Gesetzmäßigkeiten der Natur. In der nüchternen Wirklichkeit ist nichts dauerhaft einfach und der Zusammenhang von Pflanze oder Tier und Tierkreiszeichen und Herrscherplanet ist mehrdeutig. Das gewährt der „Astro-Küche" einen gewissen kreativen Spielraum. Es gibt keine Wahrheiten, es gibt Hinweise, Ratschläge, Tendenzen, die wiederum als Lebensvorbilder dienen können. Was dem Widder gut tut, muss dem Stier nicht unbedingt gefallen. Wenn es dem Krebs schmeckt, schüttelt der Löwe vielleicht ungläubig seine Mähne. Essen ist eben vor allem Geschmackssache und die Sternzeichen bringen Vorlieben und Abneigungen. In diesem Kochbuch versuchen wir, Aspekte aufzuzeigen und Anregungen zu geben für die jeweiligen Tierkreiszeichen und deren Herrscherplaneten. Im Vordergrund aber steht, Lust aufs Essen zu machen und natürlich zum Kochen zu animieren.

Jeder kennte diese Sätze: Jetzt eine heiße Suppe, herrlich! Eine Frikadelle mit viel Senf wäre jetzt schön! Käsebrot, einfach nur ein gutes Käsebrot! Ich gäb' was für ein knackiges Fischbrötchen mit Matjes! Was Frisches, ich brauch' was Frisches, ein Salatteller wäre super! oder auch: Milchreis mit Zucker und Zimt, wie früher!

Manchmal sehnt man sich nach etwas ganz Bestimmtem und weiß vielleicht selbst nicht so genau, warum eigentlich. Sämtliche Geschmacksrichtungen sind dann am Start, ein Gefühl ist eben ein Gefühl oder eine Erinnerung eine Erinnerung. Wo entstehen oder entspringen Essgewohnheiten, Lieblingsgerichte und Geschmacksvorlieben? Kindheit und Kulturkreis spielen sicher eine Rolle, aber vielleicht gibt es auch eine Prägung, die mit dem Charakter oder eben dem Tierkreiszeichen zu tun hat? Wahrscheinlich ist es eine Mischung aller möglicher Einflüsse. Gehen wir gemeinsam auf eine Geschmacksreise und finden etwas darüber heraus. Nicht bierernst, eher weinselig, bisweilen auch freudestrunken. Essen ist doch ein sinnliches Erlebnis! Nicht bloß Ernährung oder Nahrungsaufnahme, oder?

Wir erfahren etwas über unser eigenes Sternzeichen und gleichzeitig erweitern wir unseren Sternenhimmel bzw. Geschmackshorizont und lernen die anderen „Sterne" kennen – und schätzen.

Herzlich Willkommen!

Es war einer dieser wundervollen Abende. Um den Tisch versammelte sich eine liebevoll verlesene Auswahl interessanter Persönlichkeiten. Der gemütliche große Holztisch war herrlich gedeckt, unsere liebe Gastgeberin sorgte achtsam für das Wohl jedes Einzelnen und zahlreiche Schüsselchen mit ersten Leckereien versprachen einen kulinarisch nicht minder anregenden Abend. Ganz abgesehen von dem das Haus erfüllenden Duft aus Backofen und Töpfen der angrenzenden Küche.

Und so kam im Verlauf des Abends eins zum anderen und vielleicht auch so, wie es kommen sollte und musste. Die eine mochte lieber noch etwas Hummus und Brot, der andere noch von der fantastischen Lammkeule, der eine mit viel Sauce, die andere lieber noch eine Kartoffel dazu, und die nächste wartete sehnsüchtig auf das Dessert. Rasch entbrannte ein vergnüglicher Austausch darüber, woher wohl all diese persönlichen Vorlieben rühren und welchen Einflüssen wir dabei ausgesetzt sein mögen – wobei natürlich auch Antonia als Astrologin gefragt wurde: Gibt es eigentlich Essensvorlieben der Sternzeichen?

Die salomonische Antwort lautet: ja und nein. Viele Jahre Erfahrung als Astrologin und Genießerin haben Antonia gelehrt, dass sich im Horoskop durchaus bestimmte Neigungen und Vorlieben erkennen lassen, wenn es ums Essen geht. Langsam und genüsslich? Schnell und abgelenkt? Säuberlich in kleinen Häppchen oder leidenschaftlich und am liebsten mit den Händen? Lange Vorbereitung oder spontanes Kochen? Immer neue Ideen oder die Sicherheit traditioneller Rezepte? Das Sternzeichen lässt hier tief blicken – aber nicht immer! Manchmal ist es auch der Aszendent, der Mond oder die Venus, die unsere Haltung zu Essen und Genuss widerspiegeln.

Das Thema inspirierte und amüsierte uns ungeheuer. Jeder wollte natürlich wissen: „Ich bin dieses Sternzeichen, was esse ich am liebsten?" – und dabei kamen verblüffende Aha-Momente und die witzigsten Ideen zusammen. Warum dem nicht weiter nachgehen und die ersten Gedanken gemeinsam weiter vertiefen? Udo von der kulinarischen Seite mit seinem feinen Sinn für Geschmackskombinationen und exquisite Aromen und seinem außergewöhnlichen Talent, Eigenschaften und Neigungen in einem stetig sprudelnden Ideenreichtum in immer neue Rezeptideen zu gießen – Antonia mit all ihrem Wissen um die Astrologie und ihrem einzigartigen Gespür für die kosmischen Zusammenhänge.

Die Grundzüge waren bereits gelegt: Welche Speisen und Gerichte bevorzugen wir, welchen Einfluss nehmen unsere kosmischen Begleiter darauf – und wie könnte dann wohl ein perfekter Abend aussehen, gemessen an den Vorlieben und Eigenschaften der einzelnen Tierkreiszeichen? Welche Sternzeichen-Kombinationen versprechen einen anregenden Abend und was serviere ich, wenn alle gemeinsam an einem Tisch sitzen? Diesen Fragen wollten wir unbedingt gemeinsam weiter nachspüren. Was wir dabei entdeckten und gemeinsam entwickelten, wollten wir dann natürlich nicht für uns behalten, waren wir durch den angeregten Austausch an jenem Abend doch überzeugt, auch zahlreiche andere für unser kleines „Projekt" zu begeistern.

Und so entstand mit diesem Kochbuch eine kleine Geschmacksreise. Inspiriert von Kochkunst und Kosmos, spürt sie mit einem Augenzwinkern Neigungen nach, versucht, Eigenschaften in Rezepte zu übersetzen und Vorlieben ein Aroma zu geben.

HOROSKOP TO GO: DIE WICHTIGSTEN ZUTATEN

Sonne, Mond, Planeten – unsere kosmischen Begleiter sind in unserem Leben und Alltag allgegenwärtig. Tagsüber genießen wir die wärmenden Sonnenstrahlen, blicken abends sehnsuchtsvoll in den Sonnenuntergang oder den Sternenhimmel oder bewundern den Mond.

Doch Halt – was genau heißt das jetzt für unsere Essgewohnheiten – und was bedeuten „Sternzeichen" überhaupt?

Dein Sternzeichen, von dem alle sprechen, ist eigentlich dein Sonnenzeichen: das astrologische Zeichen, in dem die Sonne am Tag deiner Geburt stand. Und der Aszendent ist das Zeichen, welches mit dem Moment deines ersten Atemzugs verbunden ist. Aber wusstest du, dass du auch ein Mondzeichen hast, ein Venuszeichen ein Marszeichen und noch viele mehr, die deine Persönlichkeit beschreiben? Sie alle finden sich in deinem persönlichen Geburtshoroskop.

Falls du dich in den Rezepten deines Sonnenzeichens nicht wiederfindest, dann ist es vielleicht dein Mond oder dein Aszendent, oder auch deine persönliche Genussgöttin Venus, die nach einer bestimmten Speise ruft. Und so kann es sich lohnen, für die Frage nach dem persönlichen Geschmack und dem ganz eigenen Lieblingsrezept, auch deinen Aszendenten, dein Mondzeichen und die übrigen Planetenzeichen zu kennen und auch in diesen Zeichen nach Inspiration und neuen Anregungen zu stöbern! Wie auch beim Essen ist auch unser Horoskop alles andere als eindimensional!

Doch den Anfang macht immer das Sternzeichen, vielleicht auch bei der amüsanten Beobachtung, welche Esskultur Freunde und Familie pflegen. Deswegen laden wir dich ein, unsere kosmisch-kulinarische Reise als Inspiration zu betrachten: Sterne-Küche einmal anders!

Für einen schnellen ersten Überblick, wo die Gestirne in deinem persönlichen Horoskop stehen, nimm gerne Kontakt zu Antonia auf! Auf ihrem YouTube- und Instagram-Kanal „Antonias Sterne" findest du auch zahlreiche weiterführende Informationen, einen jeweiligen Monatsausblick und spannende Hintergründe zu aktuellen kosmischen Ereignissen.
www.antonialangsdorf.com

DAMIT IHR WISST, WAS AUF EUCH ZUKOMMT!

Gesellige Abende sind doch das Schöne im Leben! Oder gilt das etwa nicht für alle von uns? Damit ihr wisst, was auf euch zukommt, wenn ihr Gäste einladet, hier noch ein schnelles, liebevoll gemeintes Astroprofil nicht nur der Essgewohnheiten.

Der **Widder** isst, weil er Hunger hat, „stibitzt" notfalls etwas vorzeitig am Büffet und ist fertig, bevor die anderen überhaupt angefangen haben. Dann springt er auf, um die neugewonnene Energie gleich wieder umzusetzen. Kocht er selbst, darf es in der Mikrowelle schnell gehen.

Stiere sind danbare Esser, die hungrig und genüsslich mampfen. Ob Hausmannskost oder Gourmetküche, die Qualität der Zutaten muss stimmen, dann ist der Stier zufrieden. Stiere kochen gern selbst, gern vom Allerfeinsten.

Zwillinge sind unkomplizierte Esser, die nebenbei gern tausend andere Dinge tun, allen voran quasseln. Bietet man ihnen interessante Unterhaltung, kann man ihnen selbst leicht Missglücktes vorsetzen. Am besten schmeckt es mit Freunden!

Für **Krebse** geht Liebe durch den Magen. Sie essen alles, am liebsten gemeinsam mit der Familie, Hauptsache die wichtigste Zutat ist: Liebe! Krebse kochen gern bemutternd oder bringen sich etwas von Mamas Essen nach Hause mit.

Löwen bringen gern eine gute Flasche Wein mit. Beim Essen nehmen sie sich mit größter Selbstverständlichkeit das beste Stück. Gerne probiert der Löwe aus, auch aus 100 Kochbüchern, aber nur vom Edelsten.

Die **Jungfrau** poliert das Besteck noch einmal nach, dann zerlegt sie die Nahrung fachgerecht, bevor die einzelnen Stückchen säuberlich in den Mund wandern. Bei ihr wird auch die Küche aufgeräumt, bevor es an den Tisch geht.

Waagen schätzen einen schön gedeckten Tisch, sonst vergeht ihnen schon mal der Appetit. Dafür haben sie die besten Tischmanieren und loben stets den Koch! Die Waage lädt gerne Freunde ein und lässt diese kochen, während sie fürs Entertainment sorgt.

Skorpione essen hungrig und leidenschaftlich. Sie lieben es, Knochen abzunagen. Selten bleibt ein Rest auf dem Teller. Gekocht wird gern 100% nach Rezept.

Schützen schätzen die Exotik. Beim Essen kommentieren sie alles und entwickeln Ideen, wie man es noch besser machen könnte. Der Schütze ist dennoch eher ein „ich hau mit ein Spiegelei in die Pfanne"-Typ.

Steinböcke essen durchaus mit Genuss, haben aber die Ernährungswissenschaft stets im Hinterkopf. Kein Zeichen kann besser Maß halten und weiß, wann es des Guten genug ist. Am liebsten wiegen sie nach Fernsehkoch-Art alles in 1000 Töpfen ab und beginnen erst dann mit dem Kochen.

Im **Wassermann** Geborene vergessen das Essen schon mal, wenn sie einer interessanten Idee nachhängen. Es ist ihnen nicht so wichtig, aber sie probieren gern neue, abgefahrene Gerichte! Hier geht's auch mal schnell an den Imbiss.

Fische schließlich essen gerne Gerichte, die sie nicht kennen und mischen Beilagen, die eigentlich nicht zusammengehören. Fragt man sie, wie es schmeckt, träumen sie längst schon von etwas anderem ... In der Küche geht es gern „frei Schnauze" mit immer neuen Gerichten.

Widder

21. MÄRZ BIS 19. APRIL

Element:	Feuer
Qualität:	Kardinalzeichen
Herrscherplanet:	Kriegsgott Mars
Farbe:	Rot, Feuerrot, um seine Leidenschaft und Energie zu betonen

WER?

Pole-Position des Tierkreises, vertreibt den Winter, damit das Leben von vorne beginnen kann. Ungeduldig, scharrt immer mit den Hufen und ist schnell auf 180. Nun, irgendein Haken ist ja immer. Eher unkompliziert, Hauptsache Abwechslung. Essen ist beim Widder auch einfach mal Energienachschub. Wie bei der Formel 1: schneller Boxenstopp und zurück auf die Piste.

WO?

Da, wo es lebendig und laut ist, das Leben tobt und man Menschen trifft. Nicht nur beim Autorennen, ebenso voll besetzte, quirlige Restaurants und Markthallen lieben sie. Jäger und Nomaden eben.

WAS?

Ein überschäumendes Wesen, liebt es scharf und es muss schnell gehen. Spontan fallen einem Pizza „Vesuvio" mit Peperoni oder Spaghetti „Puttanesca" ein. Vielleicht braucht der impulsive Widder auch eine Abkühlung durch eine kalte Gurkensuppe oder eine herzhafte Frikadelle mit erfrischendem Joghurt-Minz-Dip? Fleisch mag er gerne, bzw. eine eiweißreiche Kost. Von Thai-Curry bis Chili con Carne geht alles. Er nimmt aber nicht zu, weil er sich viel bewegt – beneidenswert. Diesem aktiven Feuerzeichen schmeckt Gebratenes, Gegrilltes und Gebackenes, kurz: Fleisch ist sein Gemüse. Wenn man ihm schon Gemüse gibt, dann bitte gegrillt, gewürzt und warm.

JETZT HAT SAISON:

Champignon, Rhabarber, Chicoree, Spinat, Apfel, Spargel

Chicoree mit Rhabarber

UND ROQUEFORT-SAUCE

ZUTATEN

250 g Grünkern (alternativ Bulgur, Hirse oder Haferflocken)

750 ml Gemüsebrühe

2 Chicoree

1½ Stangen Rhabarber

2 EL Agavendicksaft (alternativ Honig oder Dattelsirup)

Salz

2 Stangen Staudensellerie

2 Frühlingszwiebeln

1 Knollensellerie

2 Knoblauchzehen

2½ EL Öl

Pfeffer

1 Zweig Thymian

250 ml Milch

100 g Roquefort

frisch geriebene Muskatnuss

20 g Walnusskerne

ZUBEREITUNG

Den Grünkern in der Brühe kochen. Die Chicoreeblätter ablösen und waschen. Den Rhabarber waschen, schälen, in kleine Stücke schneiden und mit dem Dicksaft und etwas Salz mischen. Den Staudensellerie und die Frühlingszwiebeln waschen, putzen und in dünne Ringe schneiden. Den Knollensellerie schälen und würfeln. Eine Knoblauchzehe schälen und fein hacken. Den Grünkern abgießen, dabei die verbliebene Brühe auffangen.

Das Gemüse im Öl anschwitzen, dann Grünkern und Rhabarber dazugeben und mitgaren. Mit Salz, Pfeffer und gehackten Thymianblättchen würzen.

Die Milch in einen Topf geben und erwärmen, den Roquefort hineinbröseln und in der Milch schmelzen. Zu einer cremigen Sauce köcheln lassen, dann die verbliebene Knoblauchzehe hineinpressen, verrühren und mit etwas Muskatnuss abschmecken.

Die aufgefangene Brühe in einer großen Pfanne erhitzen. Die Chicoreeblätter hineinlegen, mit dem Grünkern-Gemüse-Mix befüllen und 4 Minuten mit geschlossenem Deckel garen, aber bissfest lassen! Die Walnüsse grob hacken, dann ohne Zugabe von Fett in einer Pfanne anrösten, bis sie duften. Den gefüllten Chicoree aus der Pfanne heben und mit den Walnüssen bestreut zusammen mit der Roquefort-Sauce servieren.

Spaghetti ubriachi

„BETRUNKENE SPAGHETTI“ IN ROTWEIN

ZUTATEN

2 Knoblauchzehen
½ Chilischote
Olivenöl
Südtiroler Schinkenspeck
1 Flasche Rotwein
½ EL Gemüsebrühepulver
2 Zweige Rosmarin
400 g Spaghetti
Salz
Pfeffer
30 g Parmesan

ZUBEREITUNG

Den Knoblauch schälen und fein hacken, die Chili von den Kernen befreien und in feine Ringe schneiden. Das Olivenöl erhitzen und Knoblauch und Chili darin anbraten. Den Speck würfeln, dann ebenfalls mit anbraten. Mit dem Rotwein ablöschen. Das Gemüsebrühepulver unterrühren. Die Rosmarinzweige hineingeben und das Ganze einmal aufkochen.

Die Spaghetti 2 Minuten in Salzwasser kochen, dann abgießen (dabei unbedingt etwas Nudelwasser auffangen!) und die Spaghetti zum köchelnden Rotweingemisch geben.

Die Pasta unter Rühren „al dente“ kochen, bis die Flüssigkeit fast vollständig aufgesogen ist. Gegebenenfalls etwas Nudelwasser oder Rotwein hinzugeben. Mit Salz und Pfeffer abschmecken und beim Servieren den Parmesan frisch über die Pasta reiben.

„Wo Wein wächst, da ist auch
die Lebensfreude größer.“
– Vincent Klink –

Spanische
CHORIZO-BÄLLCHEN „GRANADA“

ZUTATEN

150 g Chorizo
2 Eier
½ TL Salz
100 g Mehl
100 ml Milch
1 EL Olivenöl
½ TL Trockenhefe
Piment d'Espelette

ZUBEREITUNG

Die Chorizo in Scheiben schneiden und in einer Pfanne kross anbraten.

Die Eier trennen und das Eiweiß mit dem Salz zu einem sehr steifen Eischnee schlagen. Die Eigelbe dazugeben und alles zu einer festen Creme verrühren. Mehl, Milch, Öl und Hefe mischen und mit der Ei-Masse zu einem zähflüssigen Teig vermengen.

Den Backofen auf 180 °C Ober-/Unterhitze vorheizen. Eine Muffinform mit Olivenöl auspinseln und mit etwas Teig befüllen. Je eine Wurstscheibe in die Mitte geben und mit Teig bedecken. Die Bällchen etwa 30 Minuten backen.

Die scharfen Dinger aus der Form lösen, zwanglos mit Piment d'Espelette bestäuben und warm genießen.

„Ich kann mir nicht vorstellen, dass das ganze Universum ohne so etwas wie einen göttlichen Willen entstanden ist.“
– Wernher von Braun –

Rhabarber-Tiramisu

MIT AHORNSIRUP

ZUTATEN

600 g Rhabarber
2 EL Ahornsirup
1 Prise gemahlener Ingwer
etwas Abrieb von 1 Bio-Zitrone
380 g Magerquark
200 g Joghurt
4 EL Limoncello
2 EL Honig
Mark von 1 Vanilleschote
125 g Sahne
80–100 g Löffelbiskuits
Pistazienkerne

ZUBEREITUNG

Den Backofen auf 180 °C Ober-/Unterhitze vorheizen. Den Rhabarber putzen, schälen und die Enden abschneiden. Die Stangen in etwa 3 cm lange Stücke schneiden, in eine Auflaufform geben und mit dem Ahornsirup, dem Ingwer und der Zitronenschale vermengen. Etwa 30 Minuten im Ofen garen, bis der Rhabarber weich ist, dann herausnehmen und auskühlen lassen.

Den Magerquark mit dem Joghurt, der Hälfte des Limoncellos und dem Honig cremig rühren. Das Mark der Vanilleschote auskratzen und unterrühren. Die Sahne steif schlagen und unter die Quarkmasse heben. Nun jeweils 2 Esslöffel Quarkmasse in 4 Gläser geben. Den abgekühlten Rhabarber darauf schichten und darauf etwas von den zerbröselten Löffelbiskuits geben. Den Biskuit mit dem restlichen Limoncello beträufeln und kurz einziehen lasssen, dann mit der restlichen Quarkmasse bedecken. Etwas Rhabarber daraufgeben und mit einigen grob gehackten Pistazien bestreuen. Das Tiramisu bis zum Servieren kalt stellen – aber nicht länger als 8 Stunden, sonst weicht es zu sehr durch.

Stier

20. APRIL BIS 20. MAI

Element:	Erde
Qualität:	Fixes Zeichen
Herrscherplanet:	Liebesgöttin Venus
Farbe:	Sattes Grasgrün

WER?

Das Lebensmotto des Stiers könnte lauten: Erstmal was essen, dann sehen wir weiter. Essen besänftigt den Stier, hungrig kann er auch mal böse werden. Kocht gern, trinkt gern, ein Genussmensch halt. Deftig und rustikal darf es sein, am liebsten ein Landgasthof und es darf ruhig dauern, was sehr für die französische Küche spricht. Sichere Urteilskraft. Weiß gutes Essen zu würdigen und nimmt gerne auch einen guten Wein dazu.

WO?

Land und Landschaft, das ist sein Zuhause. Felder, Gärten, Wiesen und Weiden, Speisekammern und Weinkeller weiß er ebenso zu schätzen. Das schnaubende Huftier liebt aber auch Neues, Exotisches, Hauptsache üppig und viel. Ihn regiert die Liebesgöttin Venus, was soll er machen? Dezenz ist Schwäche, also lieber etwas dekadent.

WAS?

Das schreit nach italienischer Pasta-Vielfalt mit Sahnesauce, deftigen Eintöpfen und Gulasch. Auch die französische Käsevielfalt erfreut ihn sehr, Molkereiprodukte überhaupt. Der Stier zählt weder Kalorien noch leere Flaschen. Mit dem ist man gerne befreundet und kann sich auf ausgelassene, feucht-fröhliche Gelage freuen. Essen ist Kunst und Leben ist Fülle!

JETZT HAT SAISON:

Kartoffel, Blumenkohl, Spargel, Erdbeeren, Spinat, Ruccola

Rote-Bete-Carpaccio

MIT RUCOLA UND ZIEGENKÄSE

ZUTATEN

1 große Rote Bete
40 g Rucola
20 g Walnusskerne
50 g Ziegenkäse

Für das Dressing

2 EL Olivenöl
1 EL Walnussöl
1 EL Zitronensaft
1 EL Zitronenthymian, frisch gezupft (optional)
1 TL Honig
½ TL grober Dijonsenf
½ TL Salz
schwarzer Pfeffer

ZUBEREITUNG

Alle Dressing-Zutaten in einer kleinen Schüssel miteinander vermengen, abschmecken und etwas ziehen lassen.

Die Rote Bete schälen (dazu Handschuhe tragen!) und mit einem Gemüsehobel in hauchdünne Scheibchen hobeln.

Den Rucola waschen und trocken tupfen. Die Walnüsse grob hacken oder brechen und ohne Öl in einer Pfanne rösten.

Die Rote-Bete-Scheibchen auf 2 Tellern überlappend auslegen, mit dem Rucola toppen und mit dem Dressing beträufeln. Den Ziegenkäse darüberkrümeln und mit den gerösteten Walnüssen bestreuen.

Ceviche de Camarones

„BISKAYA“

Brillanter Auftakt, so kann's weitergehen!

ZUTATEN

360 g Shrimps
Saft von 2 Bio-Limetten
2 Tomaten
1 rote Zwiebel
1 Avocado
1 Bund Koriander
1 EL Walnussöl
Salz
Piment d'Espelette

ZUBEREITUNG

Die Shrimps kalt abspülen, trocken tupfen und längs halbieren. Anschließend mit etwas Limettensaft beträufeln und einige Minuten ruhen lassen.

Die Tomaten in sehr dünne Scheiben schneiden oder hobeln. Die Zwiebel schälen, halbieren und in feine Streifen schneiden. Die Avocado halbieren, vom Kern befreien, das Fruchtfleisch aus der Schale heben und in kleine Würfel schneiden.

Die Tomaten auf flachen Tellern anrichten und mit Shrimps, Zwiebeln, Avocado und einigen gerupften Korianderblättern belegen. Mit dem restlichen Limettensaft und dem Walnussöl beträufeln und mit Salz und Piment d'Espelette bestreuen. Kurz ziehen lassen, dann den begeisterten Gästen servieren. Bravo!

> „Wenn ein Mann für dich kocht und der Salat enthält mehr als drei Zutaten, meint er es ernst.“
> – Penelope Cruz –

Bœuf bourguignon

„DIJON“

Französisches Gulasch, sozusagen

ZUTATEN

- 1 kg Rindfleisch aus der Oberschale
- 100 g rote Zwiebeln
- 2 Knoblauchzehen
- 400 g Karotten
- etwa Butterschmalz
- 2 EL Tomatenmark
- 1 Flasche Rotwein
- 400 ml Rinderfond
- 1 Zweig Rosmarin
- 2 Zweige Thymian
- 2 Nelken
- 300 g Champignons
- 150 g Speck
- Salz
- Pfeffer

ZUBEREITUNG

Das Fleisch in große Würfel schneiden. Die Zwiebeln und den Knoblauch schälen und in feine Streifen schneiden. Die Karotten schälen und in kleine Stücke schneiden.

Das Butterschmalz erhitzen und das Fleisch portionsweise darin von allen Seiten anbraten. Zwiebeln, Knoblauch und Karotten dazugeben und 5 Minuten mitbraten. Das Tomatenmark in den Topf geben, anschwitzen, verrühren und das Ganze mit Rotwein ablöschen. Den Rinderfond angießen und alles einmal aufkochen. Die Kräuter in einen Beutel und dann ebenfalls in den Topf geben. Nun darf es 2 Stunden bei geschlossenem Deckel entspannt vor sich hinköcheln.

Inzwischen die Pilze vierteln, den Speck in Stücke schneiden und beides in einer Pfanne anbraten. Zum Bœuf geben und mit Salz und Pfeffer abschmecken. Den Gewürzbeutel entfernen und das Bœuf mit kleinen Kartoffeln servieren. Voilá!

> „Der Wein ist geschaffen, dass er die Menschen soll fröhlicher machen.“
> – Jesus Sirach 31-34 –

Birnen-Cobbler

„WILLIAMINE“

Dazu passt auch gerne mal ein Birnenbrand, man kann Nachtisch auch trinken ...

ZUTATEN

6 Birnen
1 kleines Stück Ingwer
3 EL Mandeln
200 g Dinkelmehl
50 g brauner Zucker
1 Pck. Vanillezucker
2 TL Backpulver
Salz
100 g Butter
100 ml Buttermilch
1 Ei (Größe M)
2 EL Ahornsirup

ZUBEREITUNG

Den Backofen auf 200 °C Umluft vorheizen und eine Backform mit Backpapier auslegen. Die Birnen waschen, achteln und entkernen. Drei Viertel der Birnen in der Backform auslegen. Den Ingwer schälen und reiben, die Mandeln grob hacken.

Mehl, Zucker, Vanillezucker, Backpulver und 1 Prise Salz mischen. Die Butter mit den Händen unterkneten. Die Buttermilch und das Ei unterrühren. Den Teig auf die Birnen geben und Ingwer, Mandeln und die restlichen Birnen darauf verteilen.

Den Birnen-Cobbler mit Alufolie abdecken und etwa 20 Minuten backen. Die Alufolie entfernen und noch einmal 20 Minuten goldbraun backen. Den Ahornsirup drüber träufeln. Fertig!

> „Ein Trinkgefäß, sobald es leer, macht leider keine Freude mehr.“
> – Wilhelm Busch –

Zwillinge

21. MAI BIS 20. JUNI

Element:	Luft
Qualität:	Bewegliches Zeichen
Herrscherplanet:	Götterbote Merkur
Farbe:	Dottergelb

WER?

Zwillinge lieben das Exotische, sind neugierig, weltoffen und experimentierfreudig. Schon wieder ein idealer Gast. Von den Reisen bringen sie Rezepte und Anregungen mit. Muss aber auch schnell gehen, denn man ist ungeduldig und möchte unterhalten werden. Zwischendurch-Esser, gerne auch mal mit den Fingern. Leicht sollte es sein, mager und gesund. Neigen gelegentlich dazu, unentschieden zu sein, nun, sind halt immer zu zweit.

WO?

Markthallen mit verschiedenen Ständen und Theken zum Probieren und Verkosten sind ihr Metier, ebenso Tapas- oder Sushi-Bars. Dazu ein Glas Sauvignon blanc oder Cava, das löst die Zunge. Denn sie quatschen gerne mit Leuten. Reden ist ihnen fast wichtiger als essen, also kleine mundgerechte Happen für die Plaudertasche. Zusammenfassend kann man sagen, man redet gern übers Essen, vergisst darüber selbiges aber auch schon mal – und schreibt gerne darüber: zum Beispiel Kochbücher.

WAS?

Huhn mit Salat geht immer. Antipasti ebenso und gesunde Sandwiches. Zwillinge sind Gemüsefans, vom Spargel bis zur Avocado darf alles dabei sein. Eingelegte Gurken nehmen sie gern auf die Hand. Frisches Kräuteromelette macht sie glücklich. Ihre „Flatterhaftigkeit" und „Geschwätzigkeit" erklären möglicherweise auch die Vorliebe für alles, was fliegt und schnattert.

JETZT HAT SAISON:

Spargel, Erbsen, Aubergine, Salatgurke, Erdbeeren

Dip aus weissen Bohnen

mit getrockneten Tomaten

ZUTATEN

200 g getrocknete Tomaten in Öl

1 Dose Canellini-Bohnen

150 g Frischkäse

1 Zitrone

Salz

Pfeffer

½ Bund Petersilie

ZUBEREITUNG

Für das Topping einige Tomaten und Bohnen beiseitestellen.

Mit einem Pürierstab alle Zutaten cremig rühren. Mit Salz und Pfeffer abschmecken und mit gehackter Petersilie bestreuen.

Schon fertig! Zack, Glück!

Persisches Kräuteromelette

KUKU SABZI

Ein Märchen aus 1001 Nacht – ohne die 40 Räuber!
Wird zum persischen Neujahrfest oder zu Ostern gegessen und symbolisiert die Wiedergeburt.

ZUTATEN

1 Zwiebel
1 Stange Lauch
3 EL Öl
Dill
Petersilie
Koriander
Schnittlauch
8 Eier (Größe M)
Salz
Pfeffer
gemahlene Kurkuma
Kreuzkümmel
1 TL Backpulver
1 Zitrone
2 EL Berberitzen

ZUBEREITUNG

Den Backofen auf 200 °C Ober-/Unterhitze vorheizen. Die Zwiebel schälen, halbieren und fein würfeln. Den Lauch längs vierteln, vom Strunk befreien und würfeln. 1 Esslöffel Öl in einer Pfanne erhitzen und die Zwiebel- und Lauchstücke etwa 10 Minuten darin anschwitzen.

Dill, Petersilie, Koriander und Schnittlauch waschen, putzen und fein hacken. Die Eier verrühren und mit den Kräutern, Salz, Pfeffer, Kurkuma, Kreuzkümmel und dem Backpulver vermengen. Anschließend auch die Zwiebel-Lauch-Mischung unterheben.

In einer Pfanne 2 Esslöffel Öl auf mittlerer Stufe erhitzen und die Omelette-Mischung hineingeben. Etwa 8 Minuten bei geschlossenem Deckel braten, dann wenden und von der anderen Seite durchgaren. Mit Zitronenvierteln und Berberitzen servieren!

„Mann, Frau, schwul, hetero – wen interessiert's? Du kannst ein Omelett machen. Oder du kannst es nicht. In der Küche gibt es keine Lügen."
– Anthony Bourdain/Koch/Autor –

Grünes Curry mit Garnelen

„POPEYE“

Es grünt so grün, grün ist die Hoffnung, alles im grünen Bereich!
Kaeng Khiao Wan nennt man es in Thailand, jetzt versucht mal, das unfallfrei auszusprechen ...

ZUTATEN

1 TL Kreuzkümmel
20 g Ingwer
2 Knoblauchzehen
20 g Koriander
3 TL gemahlene Kurkuma
etwas Senfsaat
1 grüne Chilischote
1 Aubergine
400 g Spinat
400 g Pak Choi
400 ml Kokosmilch
2 Stangen Zitronengras
300 g Sojasprossen
600 ml Gemüsebrühe
600 g Garnelen
2 Limetten
Salz, Pfeffer, Öl

ZUBEREITUNG

Kreuzkümmel, Ingwer, Knoblauch, Koriander, Kurkuma, Chili und Senfsaat ggf. schälen, dann pürieren, bis eine zähe Paste entsteht. Die Aubergine in kleine Würfel, Spinat und Pak Choi in Streifen schneiden.

Etwas Öl in einer Pfanne erhitzen und die Aubergine etwa 8–10 Min anbraten. Die Gewürzpaste dazugeben und kurz mitbraten, bis ein würziges Aroma entsteht. Jetzt die Kokosmilch hinzugeben sowie Zitronengras, Pak Choi und Sojasprossen. Das Curry bei mittlerer Stufe unter leichtem Rühren einkochen lassen, dann die Brühe und die Garnelen hineingeben und 5 Minuten mitkochen. Zum Schluss den Spinat zufügen und zusammenfallen lassen.

Die Limetten in Spalten schneiden. Das Curry salzen und pfeffern und mit den Limettenspalten servieren.

„Zähle nicht die Küken,
bevor sie geschlüpft sind.“
– Thailändische Lebensweisheit –

Sauerrahm-Soufflé

„MADAME BUTTERFLY“

Ein Hauch von Nachtisch, wie geschaffen für ein Luftzeichen.

ZUTATEN

3 Eier (Größe M)

30 g Zucker

200 g Sauerrahm

½ TL Vanillezucker

½ TL Abrieb von 1 Bio-Zitrone

1 EL Orangenlikör

20 g Mehl

150 g Erdbeeren für den Fruchtspiegel

etwas Puderzucker zum Bestäuben

ZUBEREITUNG

Den Backofen auf 220 °C Ober-/Unterhitze vorheizen und die Backformen erst mit Butter fetten, dann mit Zucker ausstreuen.

Die Eier trennen. Das Eiweiß mit 1 Esslöffel Zucker zu Schnee schlagen. Den Sauerrahm mit dem Eigelb, Vanillezucker, Zitronenschale, Likör, Mehl und dem restlichen Zucker verrühren, dann den Eischnee unter die Eigelb-Masse heben. Den Teig in die Formen geben und in ein heißes Wasserbad in einer ofenfesten Auflaufform stellen. Die Soufflés im Ofen 12 Minuten backen.

Die Erdbeeren waschen, putzen und fein pürieren. Als Fruchtspiegel auf flache Teller geben. Die Soufflés aus dem Ofen nehmen, auf den Erdbeerspiegel stürzen und mit etwas Puderzucker bestäuben.

„Streng genommen hat nur eine Sorte Bücher das Glück unserer Erde vermehrt, die Kochbücher.“
– Joseph Conrad –

Krebs

21. JUNI BIS 22. JULI

Element:	Wasser
Qualität:	Kardinalzeichen
Herrscherplanet:	Der sensible Mond
Farbe:	Wasserblau/Türkisblau

WER?

Der Krebs ist die beschützende Urmutter, die umsorgende Hausfrau und der Trost spendende Fels in der Brandung. Und mit Brandung und Wellengang kennt er sich schließlich aus. Wohlfühlgerichte, gerne mit Kindheitserinnerungen liebt und zelebriert er im Kreise seiner Lieben. Die Welt ist so, wie er sie fühlt. Der Krebs ist ein wertkonservativer Romantiker und somit vom Aussterben bedroht. Das gilt es zu verhindern.

WO?

Isst und kocht gerne und würde eher das Bekannte, Vertraute dem Neuen vorziehen. Das gilt auch für den Ort. Er liebt das Meer, sitzt gerne am Meer und isst alles, was im Meer schwimmt, Badegäste ausgenommen.

WAS?

Meeresfrüchte und Fischgerichte sind seine Leibspeisen. Spaghetti „Frutti di mare" beim Italiener seines Vertrauens kann er jeden Tag essen. Auch zum cremigen Risotto kann man sie leicht überreden. Oder Königsberger Klopse zuhause mit Freunden. Das lieben sie, dann geht's ihnen gut. Auch die leichte, asiatische Küche ist gut für das Schalentier, weil es innen zart und empfindlich ist. So, jetzt wisst ihr es! Desserts machen den Krebs milde und sanft. Milchreis, Panna cotta, Tiramisu, damit könnt ihr das Krebsherz gewinnen und letztlich erobern bzw. knacken.

JETZT HAT SAISON:

Artischocke, Aubergine, grüne Bohnen, Frühlingszwiebel, Kirschen

Clam Chowder

MIT MUSCHELN

Amerikanischer Suppenklassiker von der Ostküste – hilft auch morgens als Katerkiller! Gibt es als New-England- und als Manhattan-Variante. Ursprünglich sollen die Wurzeln dieser Suppe aber in Frankreich liegen, bis die christliche Seefahrt sie über den großen Teich an die amerikanische Ostküste brachte. Navigare necesse est – Seefahrt tut not!

ZUTATEN

75 g Frühstücksspeck
1 Zwiebel
1 Knoblauchzehe
1 EL Butter
1 EL Mehl
600 ml Fisch- oder Hühnerfond
250 g mehligkochende Kartoffeln
100 g Staudensellerie
1500 g frische Venusmuscheln
100 g Mais
125 ml Sahne
125 ml Milch
1 Spritzer Zitronensaft
Salz, Pfeffer
frische Kräuter wie Petersilie, Schnittlauch oder Dill

ZUBEREITUNG

Den Speck fein würfeln, Zwiebel und Knoblauch schälen und fein hacken. Die Butter in einem Topf zerlassen, Speck, Ziebel und Knoblauch darin glasig anbraten. Das Mehl dazugeben und unter Rühren kurz anschwitzen. Dann den Fond angießen.

Die Kartoffeln würfeln, den Sellerie in feine Scheiben schneiden. Alles zur Suppe geben und etwa 10 Minuten köcheln lassen. Das Gemüse sollte noch Biss haben.

Die Venusmuscheln schrubben, alle bereits geöffneten wegwerfen. Die Muscheln und den Mais in die köchelnde Suppe geben und weitere 10 Minuten köcheln lassen. Dann Sahne und Milch einrühren und mit mit Zitronensaft, Salz und Pfeffer würzen. Die Kräuter hacken, über die Suppe streuen und heiß servieren.

Pilz-Risotto

MIT HEIDELBEEREN

Gemütlicher als Risotto geht es kaum – genau das Richtige für die Krebse unter uns!

ZUTATEN

200 g frische Heidelbeeren
200–300 g gemischte Pilze (frisch oder getrocknet)
1 Zwiebel
2 Knoblauchzehen
30–50 g Butter
1 Lorbeerblatt
etwas Thymian
250–300 g Risottoreis
100 ml Weißwein
500–700 ml Gemüsebrühe, heiß
etwas Parmesan

ZUBEREITUNG

Die Heidelbeeren waschen und abtropfen lassen. Die Pilze putzen und je nach Größe zerkleinern. Die Zwiebel und den Knoblauch schälen und fein hacken.

Die Butter in einem breiten Kochtopf schmelzen und die Zwiebel und den Knoblauch darin andünsten. Die Pilze dazugeben und mitdünsten. Das Lorbeerblatt, einige Thymianblättchen und den Risottoreis in den Topf geben und etwa 3 Minuten unter Rühren andünsten. Anschließend mit dem Weißwein ablöschen und einkochen lassen. Portionsweise die heiße Gemüsebrühe zugeben und unter Rühren immer wieder einkochen lassen.

Wenn der Risottoreis noch leicht Biss hat, die Heidelbeeren unterziehen und etwa 3 Minuten mitkochen. Je länger diese mitkochen, desto mehr Farbe wird das Risotto annehmen.

Nach Belieben geriebenen Parmesan unterziehen, das Risotto vom Herd nehmen und vor dem Servieren zugedeckt etwa 5 Minuten ruhen lassen.

Königsberger Klopse

„OMAS BESTE“

Ein Klassiker der Kindheit

ZUTATEN

1 Brötchen vom Vortag
200 ml Milch
600 g Kalbshackfleisch
1 Ei (Größe M)
1 TL Senf
1 Handvoll Kapern
2 Schalotten
½ Bund krause Petersilie
Salz, Pfeffer, Muskatnuss
1,5 l Fleischbrühe
2 Gewürznelken
2 Lorbeerblätter
6 Pimentkörner
4 EL Butter
4 EL Mehl
200 g Sahne
Abrieb und Saft von 1 Bio-Zitrone

ZUBEREITUNG

Das Brötchen in der Milch einweichen. Das Hackfleisch, das Eigelb und den Senf vermengen. Das Brot grob zerkleiner und mit der Milch untermischen. Einige Kapern fein hacken, die Schalotten schälen und fein hacken, die Petersilie waschen und ebenfalls fein hacken. In die Hackfleischmasse einarbeiten, mit Salz, Pfeffer und etwas Muskatnuss würzen und Klopse formen.

Die Brühe mit den Nelken, Lorbeer und Pimentkörnern aufkochen, dann bei reduzierter Hitze die Klopse hineingleiten lassen. Etwa 20 Minuten ziehen lassen. Dann herausheben und auf etwas Küchenkrepp abtropfen lassen. Die Brühe durch ein Sieb in eine Schüssel abgießen.

Die Butter in einem Topf schmelzen, das Mehl darin anschwitzen, dann die Sahne mit einem Schneebesen unterrühren. 700 ml der Brühe angießen, kurz aufkochen, dann die Hitze reduzieren. Die restlichen Kapern hinein und mit Zitronenabrieb, Zitronensaft, Pfeffer, Salz und Muskat vollenden. Das Klopsensemble in der Sauce baden lassen und mit Petersilie bestreuen. Dazu passen kleine Salzkartoffeln, besser bekannt unter Drillinge. Service bitte!

„Was man als Kind geliebt hat, bleibt im Besitz des Herzens bis ins hohe Alter.“
– Kkalil Gibran –

Clafoutis mit Kirschen

„MATHILDA“

Warm aus dem Ofen holen und in glückliche Gesichter schauen!

ZUTATEN

80 ml Sahne
200 ml Milch
½ TL Vanillepaste
300 g Kirschen
5 Eier (Größe M)
100 g Zucker
Salz
½ TL Backpulver
100 g Weizenmehl
100 g gemahlene Mandeln
Puderzucker zum Bestäuben

ZUBEREITUNG

Den Backofen auf 180 °C Ober-/Unterhitze vorheizen und eine flache Backform fetten. Sahne und Milch in einen Topf erhitzen und die Vanille dazu geben. Abkühlen lassen.

Die Kirschen entsteinen und halbieren. Die Eier cremig schlagen, Zucker, 1 Prise Salz, Backpulver dazugeben und vermengen. Mehl und Mandeln unterheben und die Sahnemilch dazugeben. Drei Viertel der Kirschen in die Form geben und mit Teig bedecken. Die restlichen Kirschen obendrauf geben.

45 Minuten backen, dann etwas abkühlen lassen und mit Puderzucker verzaubern.

Ach so, man kann auch 1 Schuss Kirschwasser in den Teig geben – oder natürlich auch in den Koch.

> „Man kann nicht kochen, wenn man die Leute nicht gern hat.“
> – Joel Rebuchon/Sternekoch –

Löwe

23. JULI BIS 22. AUGUST

Element:	Feuer
Qualität:	Fixes Zeichen
Herrscherplanet:	Sonne
Farbe:	Sonniges Orangerot

WER?

Pompös darf es sei, üppig, wenn genug Geld vorhanden, dann zeigt sich die Großkatze mit dem vollen Haupthaar großzügig. Er ist nun mal ein Genussmensch. Der König der Wüste sucht die Herausforderung, macht gerne neue Erfahrungen und ist dabei ein überaus herzlicher, zugewandter Gastgeber.

WO?

Es darf auch mal was kosten in exklusiver Umgebung. Herrenhäuser, Schlösser, Luxusrestaurants. An großer Tafel und auf edlem Porzellan. Nicht kleckern, klotzen, wenn Fleisch, dann gerne Braten mit reichlich Sauce. Von seinen Gästen nimmt er gerne Applaus entgegen für seine Kochkunst und seine Gastgeberqualitäten. Unterhaltung, Spiel und Tanz gehören für den Löwen an einem Abend selbstverständlich auch dazu. Das ist seine Natur. Königlich! Gesegnet mit Stolz, Mut, Herzenswärme und Geistesgröße.

WAS?

Alles, was Spaß macht! Wenn Fisch, dann die Edelfischplatte. Muscheln, Austern, Hummer, also gerne vom Feinsten. Natürlich Fleisch, Rind, Lamm, Geflügel, Innereien, Braten mit reichlich Beilagen und Sauce. Wenn es schmeckt und gut aussieht, interessiert die Großkatze der gesundheitliche Aspekt eher weniger.

JETZT HAT SAISON:

Kohlrabi, Porree, Spinat, Pflaume

Gazpacho verde mit Burrata

Kalte andalusische Suppe

Es wird gemunkelt, dass römische Soldaten erstmals Gazpacho zubereiteten, um ihren sauren Wein schneller trinken zu können und somit schneller betrunken zu werden. Dazu gaben sie Brot, Olivenöl und Gurken in den Wein.

ZUTATEN

2 Acocados
250 g Salatgurke
350 g Tomaten
2 grüne Paprika
2 Knoblauchzehen
1 Römersalat
Abrieb und Saft von 1 Bio-Zitrone
4 Stiele Kerbel
2 Stiele Basilikum
200 ml Gemüsebrühe
8 EL Olivenöl
2 EL Weißweinessig
Salz
Pfeffer
2 rote Zwiebeln
1 EL brauner Zucker
1 Burrata

ZUBEREITUNG

Die Avocados halbieren, Kern raus und das Fruchtfleisch herausheben. Die Gurke würfeln, Tomaten vierteln, Paprika stückeln und Knoblauch schälen und fein hacken. Salat waschen, putzen und trocken tupfen. Die Zitrone abreiben und auspressen und Kerbel und Basilikum abzupfen.

250 g Tomate und die bereits vorbereiteten Zutaten zusammen mit der Gemüsebrühe und dem Olivenöl pürieren und mit Essig, Salz und Pfeffer abschmecken.

Die Zwiebeln in feine Ringe schneiden und mit 1 Esslöffel Öl in einer Pfanne erhitzen. 1 Minute dünsten, dann den braunen Zucker dazugeben und karamellisieren, dann salzen.

Die Burrata in Stücken reißen und die Gazpacho mit der Burrata, den Zwiebeln und den restlichen Tomaten anrichten. Mit Olivenöl beträufeln, mit Pfeffer und Kerbelblättern bestreuen und servieren.

„A little party never killed nobody."
– Schottische Lebensweisheit –

Pernod-Garnelen

„PIERRE“

Kochen mit Alkohol geht ja eigentlich immer.

ZUTATEN

1 Knoblauchzehe
100 g gelbe Paprika
100 g Butter
Salz
Pfeffer
1 Spritzer Zitronensaft
24 Garnelen ohne Schale
4 TL Pernod
8 EL Semmelbrösel

ZUBEREITUNG

Den Backofen auf 180 °C Umluft vorheizen. Den Knoblauch schälen und pressen, die Paprika waschen, putzen und fein würfeln. Butter und Knoblauch mischen. Mit Salz, Pfeffer und Zitronensaft würzen.

Die Garnelen in 4 kleine ofenfeste Formen verteilen und salzen. Die Buttermischung darauf verteilen und mit Zitronensaft benetzen. Je 1 Teelöffel Pernod darauf geben und mit je 2 Teelöffeln Semmelbröseln und den Pakrikastückchen bestreuen. Die Garnelen 9 Minuten im Ofen goldbraun backen, dann sofort servieren.

Ente in Feigensauce

„MISS DAISY"

Im Alten Testament steht die Feige für Frieden und Wohlstand.

ZUTATEN

4 Entenbrüste
Pfeffer
10 getrocknete Feigen
1 Glas Weißwein
Salz
1 EL Apfelkraut

ZUBEREITUNG

Die Entenbrüste waschen, mit Küchenpapier trockentupfen und pfeffern. Von den Feigen 6 vierteln, die restlichen 4 Feigen halbieren.

Die Ente in einer Pfanne mit der Hautseite nach unten erhitzen. Ohne Fett! Etwa 7–10 Minuten braten, dabei mehrmals drehen. Ein Glas Weißwein angießen und die Entenbrüste mit der Hautseite nach oben legen. Die geviertelten Feigen in die Pfanne geben und bei mittlerer Hitze 8 Minuten garen. Salzen und aus der Pfanne nehmen.

Die Feigensauce mit dem Apfelkraut verrühren und die halbierten Feigen dazugeben. 2 Minuten aufkochen und Sauce nochmals mit Salz und Pfeffer abschmecken.

Das Fleisch aufschneiden und mit Sauce übergießen. Einfach Baguette oder etwas Polenta dazu reichen. Ente gut, alles gut!

„Das Leben ist ungewiss,
iss zuerst den Nachtisch."
– Ernestine Ulmer –

Tiramisu-Parfait

„MILANO"

Schnell gemacht, aber auch schnell aufgegessen.

ZUTATEN

400 g Sahne

250 g gezuckerte Kondensmilch

12 Löffelbiskuits

250 ml Kaffeelikör

1 TL Kakaopulver
+ 1–2 EL zum Bestäuben

1 EL Espressopulver

ZUBEREITUNG

Eine kleine Kastenform mit etwas Öl fetten, mit Frischhaltefolie auslegen und an den Seiten überlappen lassen.

Die Sahne steif schlagen, die Kondensmilch dazugeben und vorsichtig unterheben. 200 g der Masse in die Form geben und glatt streichen. 6 Löffelbiskuits in den Kaffeelikör tunken und der Länge nach auf der Masse verteilen. Wieder 200 g Sahnemasse darüber geben und verstreichen. Nochmals 6 getunkte Löffelbiskuits längs darüber verteilen.

Kakao- und Espressopulver unter die restliche Sahnemasse rühren und in die Form geben. Glatt verstreichen und mit der überhängenden Folie abdecken. 8 Stunden ins Gefrierfach stellen.

Finale: Das geeiste Tiramisu 5 Minuten antauen lassen, dann aus der Form stürzen. 1–2 Esslöffel Kakao darüber sieben. Das Tiramisu in Scheiben schneiden und auf Tellern anrichten.

„Keine Liebe ist aufrichtiger
als die Liebe zum Essen."
– George Bernard Shaw –

Jungfrau

23. AUGUST BIS 23. SEPTEMBER

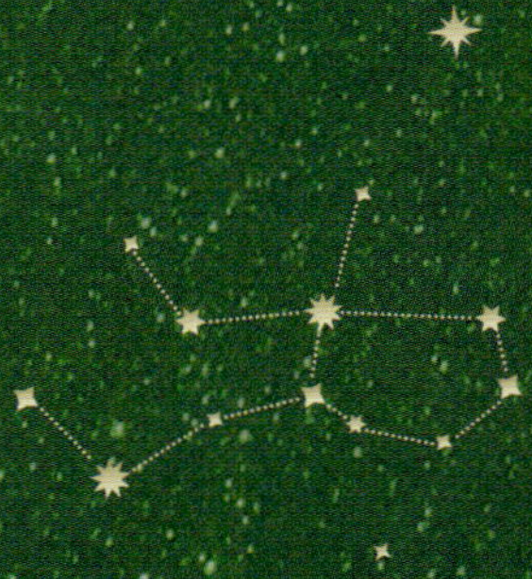

Element:	Erde
Qualität:	Bewegliches Zeichen
Herrscherplanet:	Der kluge Merkur
Farbe:	Laubgrün

WER?

Gesund und figurbewusst, so hat es die Jungfrau gern. Übersichtlich und ordentlich soll es aussehen. Es darf auch mal ein hübsches Sandwich sein, ohne Chichi. Kocht aber leidenschaftlich gerne. Natürlich nur mit guten Zutaten. Ansonsten ist die Jungfrau unkompliziert. Inhalt vor Form ist und bleibt ihre Devise. Vollwertküche schätzt sie und liebt Kräuter und Beerenfrüchte, sie herrscht schließlich über die Ernte. Die Jungfrau ist hilfsbereit und legt gern selbst Hand an, zum Beispiel im Garten mit eigenem Gemüse.

WO?

Saftige Wiesen, Weiden und Felder sind ihr Reich und ihr Zuhause. Dort, wo gearbeitet wird, wo Essen zubereitet wird, fühlt sie sich wohl. Das einfache, ehrliche, reine Leben ist ihr Ideal. Landgasthöfe, Küchen und dort, wo wirklich frisch gekocht wird. Die Jungfrau legt Wert auf Qualität, deshalb darf es auch mal Sterneküche sein – auf jeden Fall aber Bio.

WAS?

Frische und Qualität der Zutaten ist wichtig, kein Convenience-Food! Brot, Kräuterquark und Obstsalat. Suppen. Für die Jungfrau perfekt. Selbstbeherrschung und Selbstoptimierung gehören zu ihren Hobbies. Gut, manchmal muss sie sich auch einfach mal locker machen, auch wenn's schwer fällt.

JETZT HAT SAISON:

Pfifferling, Champignon, Rucola, Rosmarin, Petersilie

Datteldip

MIT CURRY

Brot der Wüste ist ihr Künstlername.

ZUTATEN

150 g Datteln
1 Knoblauchzehe (optional)
200 g Créme fraîche
200 g Frischkäse
1 TL rote Currypaste
Saft von ½ Zitrone
Salz
Pfeffer
Kreuzkümmel
½ TL Currypulver
einige Mandelblättchen

ZUBEREITUNG

Datteln, Knoblauch, Créme fraîche, Frischkäse und rote Currypaste vermischen und pürieren. Zitronensaft hineingeben und mit Salz, Pfeffer, Kreuzkümmel und Currypulver abschmecken. Mit den Mandelblättchen garniert servieren.

Pilz-Consommé

MIT EI-STERNEN

Star-Appeal ohne Allüren, aber mit Stich! Eierstich!

ZUTATEN

Für den Eierstich

2 Eier
etwas Milch
Salz
Pfeffer

Für die Bouillon

½ Bund Petersilie
1 Knoblauchzehe
200 g Pilzmix (saisonal)
2 Karotten
3 Gläser Pilzfond
1 Lorbeerblatt
4 Wacholderbeeren
1 TL Pfefferkörner
6 EL Sherry oder Likörwein

ZUBEREITUNG

Für den Eierstich:
Eier und Milch verrühren, salzen und pfeffern. Eine eckige Form fetten und die Ei-Mischung hineingeben. Die Form in einen großen Topf stellen und zur Hälfte mit Wasser angießen. Schon wird's ein Wasserbad. 20–30 Minuten stocken lassen, dabei erhitzen, aber nicht kochen! Den Eierstich aus dem Wasserbad nehmen, mit einem Messer vom Rand lösen, stürzen und Sternchen ausstechen.

Für die Bouillon:
Petersilie fein hacken. Knoblauch schälen. Knoblauch und Pilze in dünne Scheiben schneiden. Die Karotten fein hobeln. In einem Topf den Pilzfond mit Pilzen, Karotten, Knoblauch und den Gewürzen aufkochen. 15 Minuten sanft köcheln lassen, dann den Sherry hinzugeben. Die gehackte Petersilie und die Ei-Sterne runden die Suppe optisch und geschmacklich ab.

„Wahre Gastfreundschaft besteht darin, seinen Gästen das Beste von sich zu geben."
– Eleonor Roosevelt –

Quiche

VOLLKORN-GEMÜSE-KRÄUTER

ZUTATEN

Für den Teig

(für 1 Quicheform Ø 28 cm oder 1 Springform Ø 26 cm)

100–130 g Vollkornmehl

1 Ei (Größe S)

1 EL saure Sahne

80 g kalte Butter

Für die Füllung

1 Stange Lauch (oder 1 Zwiebel)

1 rote Paprika (oder Zucchini oder anderes Gemüse)

Salz, Pfeffer

geriebene Muskatnuss

1 Handvoll Bärlauch

1 Handvoll junge Gierschblätter (oder Brennesselblätter o. ä.)

1 kleine Handvoll Sonnenblumenkerne, ohne Öl geröstet

250 g saure Sahne

4 Eier (Größe M)

100 g Emmentaler

ZUBEREITUNG

Für den Teig 1 Prise Salz zum Mehl geben, Ei zufügen, vermischen, saure Sahne und Butter zugeben und zu einem glatten Teig verarbeiten. Gut durchkneten und mindestens 30 Minuten im Kühlschrank ruhen lassen.

Für die Füllung den Lauch in Ringe, Paprika in Würfel schneiden. In einer Pfanne etwas Öl erhitzen, Lauch und Paprika darin etwa 5 Minuten dünsten, mit Salz, Pfeffer und Muskatnuss würzen. Den Bärlauch und die Gierschblätter zugeben und weitere 5 Minuten dünsten, zum Schluss die Sonnenblumenkerne untermischen. Etwas abkühlen lassen.

Die saure Sahne mit den Eiern gut verquirlen. Mit Salz und Pfeffer würzen. Den Käse reiben und unterrühren. Zuletzt die Gemüse-Kräuter-Mischung unterheben.

Den Backofen auf 200 °C Ober-/Unterhitze (180 °C Umluft) vorheizen. Den Teig aus dem Kühlschrank nehmen, etwa ein Drittel des Teiges abnehmen. Den restlichen Teig rund ausrollen und die gefettete Quicheform damit auslegen. Für den Rand das vorher abgenommene Drittel zu „Würstchen" rollen und am Rand festdrücken. Die Füllung hineingeben und die Quiche etwa 40–45 Minuten backen.

> „Essen ist meine Leidenschaft. Ich könnte glatt von Hunger die Mehrzahl bilden."
> – Wolfgang Schuch –

Neapolitanischer
GRIESS-RICOTTA-KUCHEN „PANTALONE“

ZUTATEN

2 Bio-Orangen
2 Bio-Zitronen
Mark von 1 Vanilleschote
500 ml Milch
75 g Zucker
Salz
150 g Hartweizengrieß
½ Schnapsglas Limoncello
500 g Ricotta
4 Eier (Größe M)
Puderzucker zum Bestäuben

ZUBEREITUNG

1 Orange und 1 Zitrone heiß abspülen und die Schale sehr dünn abschälen.

Vanilleschote aufschneiden und das Mark auskratzen. In einem Topf Milch mit Vanillemark, Zucker, Zitronen- und Orangenschalen mit 1 Prise Salz aufkochen. Eine halbe Stunde ziehen lassen, dann durch ein Sieb abgießen.

Die Milch anschließend aufkochen und den Grieß einrühren. Bei kleiner Hitze unter Rühren 2 Minuten weiterkochen lassen. Vom Herd nehmen, abkühlen lassen und Limoncello und Ricotta einarbeiten.

Von den verbleibenden Zitrusfrüchten sehr fein die Schale abreiben. Die Eier und die Zitrusschalen unter die Masse rühren.

Den Backofen auf 160 °C Umluft vorheizen. Eine gebutterte Springform mit etwas Grieß ausstreuen. Den Teig in die Form geben, glatt streichen und 45 Minuten backen. Herausnehmen und nach dem Abkühlen mit Puderzucker bestäuben.

> „Es ist besser, zu genießen und
> zu bereuen, als zu bereuen,
> dass man nicht genossen hat.“
> – Giovanni Boccaccio –

Waage

23. SEPTEMBER BIS 23. OKTOBER

Element:	Luft
Qualität:	Kardinalzeichen
Herrscherplanet:	Friedensgöttin Venus
Farbe:	Gold, Goldgelb

WER?

Sie liebt eine harmonische Atmosphäre und bringt gern Menschen zueinander. Wohlfühlgarantie! Lebensfroh und gerecht. Sie möchte es friedlich haben um sich herum. Venus, die Liebesgöttin, lässt grüßen. Brunch, Gartenparty, Abendessen, für die Waage kein Problem.

WO?

Schöne, geschmackvolle, ruhige Orte. Kreativ und detailverliebt darf es sein.

WAS?

Eine Vorliebe für Süßes ist nicht zu leugnen und hübsch aussehen muss es, harmonisch und ästhetisch. Das Auge isst selbstverständlich mit. Perfektion ist ihr zweiter Vorname. Fleisch kann, muss aber nicht. Lieber Fisch. Gemüse geht immer. Die italienische Küche ist ihr zweites Zuhause. Hausmannskost eher nicht. Das Beste ist gerade gut genug.

JETZT HAT SAISON:

Kürbis, Blumenkohl, Fenchel, Weintraube, Walnuss, Birne, Pflaume

Tomatensuppe

MIT MANGO UND BASILIKUM

Venus trifft Mars

ZUTATEN

8–10 Tomaten
Salz
etwas Zucker
16 Basilikumblätter
1½ feste Mangos
Pfeffer

ZUBEREITUNG

Die Tomaten würfeln und 20 Minuten in 950 ml Wasser kochen, mit Salz und Zucker aufpeppen. Die Suppe durch ein Sieb passieren.

Die Basilikumblätter waschen, trocken schütteln und in feine Streifen schneiden. Die Mango halbieren, den Kern entfernen und das Fruchtfleisch in mundgerechte Stücke schneiden.

Basilikum und Mango in die Suppe geben und 10 Minuten leise mitköcheln lassen. Mit Pfeffer abschmecken und servieren.

Ein herzliches Dankeschön für die Rezepte der Tomatensuppe und der Jakobsmuscheln an Antonias Bruder Henrik Langsdorf – selbst auch Sternzeichen Waage!

Jakobsmuscheln

IN WEISSWEIN-ORANGEN-SAUCE

ZUTATEN

470 ml Weißwein
235 ml Orangensaft
1 Bund frischer Estragon
Salz
etwas Zucker
16 Jakobsmuscheln

Für das Kartoffelpüree

4 Kartoffeln
Salz
etwas Butter
3 EL Kokosmilch
1 Knoblauchzehe

Für den Pak Choi

4 Baby Pak Choi
etwas Butter
etwas Sojasauce
1 Knoblauchzehe
1 kleines Stück Ingwer

ZUBEREITUNG

Den Wein auf die Hälfte einkochen. Achtung, das dauert etwa 60 Minuten. Anschließend den Orangensaft durch ein Sieb hinzugießen. Den Estragon waschen, trocken schütteln und in 2 cm breite Streifen schneiden. In die Sauce geben, mit etwas Salz und Zucker würzen und noch einmal 15 Minuten köcheln lassen. Die Jakobsmuscheln hinzugeben, nach 3–5 Minuten sind sie gar.

Die Kartoffeln schälen, vierteln und in Salzwasser weich kochen. Mit Butter und Kokosmilch zu Kartoffelbrei stampfen, Den Knoblauch schälen und in die Kartoffelmasse pressen.

Den Baby Pak Choi in Butter anbraten, mit etwas Wasser aufgießen und dünsten. Etwas Sojasauce dazugeben, die Knoblauchzehe schälen und mitköcheln, evtl. auch etwas Ingwer. Das Ganze insgesamt gut 30–40 Minuten köcheln, bis der Pak Choi durchgegart ist.

Spaghettoni
FRUTTI DI MARE

ZUTATEN

500 g gemischte Meeresfrüchte (z. B. Miesmuscheln, Garnelen, Tintenfischringe usw., alternativ TK)
2 Schalotten
4 Knoblauchzehen
250 g Kirschtomaten
400 g Tomaten
1 Bund glatte Petersilie
4 EL Olivenöl
3 EL Zitronensaft
400 g Spaghettoni
2 EL Aceto balsamico (weiß)
Pfeffer
Salz

ZUBEREITUNG

Die Meeresfrüchte abbrausen, putzen, Garnelen ggf. entdärmen, trockentupfen. Die Schalotten schälen und fein würfeln, den Knoblauch schälen und fein hacken. Die Kirschtomaten waschen und halbieren. Die Tomaten waschen, halbieren, vom Strunk befreien und würfeln. Die Petersilie waschen, trocken schütteln und fein hacken.

Das Olivenöl in einer Pfanne erhitzen. Schalotten und Knoblauch hineingeben und bei mittlerer Hitze 2–3 Minuten glasig dünsten. Die Meeresfrüchte dazugeben, weitere 2–3 Minuten bei starker Hitze mit anschwitzen, dann mit dem Zitronensaft ablöschen. Die Meeresfrüchte herausnehmen und beiseitestellen, die Flüssigkeit dabei in der Pfanne lassen.

Die Spaghettoni nach Packungsanweisung al dente kochen.

Die Pfanne erneut erhitzen, die Kirschtomaten im Sud anbraten und mit den Tomaten ablöschen. Die Sauce bei mittlerer Hitze etwa 10 Minuten köcheln lassen. Mit Balsamico-Essig, Pfeffer und Salz abschmecken. Die Hälfte der Petersilie und die Meeresfrüchte in die Sauce geben. Die abgetropften Spaghettoni in die Pfanne geben, alles kurz erwärmen und gut vermengen. Mit der restlichen Petersilie dekorieren.

1000
50g

Sizilianischer
ORANGENKUCHEN

ZUTATEN

2 Bio-Orangen
6 Eier (Größe M)
250 g Puderzucker
1 TL Backpulver
250 g gemahlene Mandeln

ZUBEREITUNG

Die Orangen heiß abwaschen und in einem großen Topf 1½ Stunden in etwas Wasser köcheln lassen. Die Früchte herausnehmen, halbieren und die Kerne entfernen. Anschließend mit dem Pürierstab pürieren.

Den Backofen auf 175 °C Umluft vorheizen. Die Eier mit dem Zucker, Backpulver und Mandeln vermischen und verrühren. Dann die pürierten Orangen hinzugeben. Alles gut vermengen. Eine Springform einfetten und mehlen. Den Teig hineingeben und 60 Minuten backen. Herausnehmen, abkühlen lassen und mit Puderzucker bestäuben.

„Zwischen Essen und Ernähren
können Welten liegen."
– dt. Sprichwort –

Skorpion

24. OKTOBER BIS 22. NOVEMBER

Element:	Wasser
Qualität:	Fixes Zeichen
Herrscherplanet:	Unterweltgott Pluto
Farbe:	Blau-Violett

WER?

Er liebt das Dunkle, Geheimnisvolle und isst gerne mit den Händen. Eine Kombination aus Vertrautem und Experiment gefällt ihm. Vom exzessiven Geschmack bis Enthaltsamkeit ist alles möglich. Lebt lieber ungewöhnlich. Geht aufs Ganze: Essen als sinnliches Ritual. Er liebt die Essenz der Speisen, das, was seine Stärke ausmacht, das Konzentrierte. Aber auch Essen, das Stark macht.

WO?

Der Skorpion schätzt die Ruhe, meidet den Lärm. Schätzt Tiefgang, gerne Kellergewölbe, in denen edle Tropfen reifen, oder die stille Ecke in einer Bar mit Kerzenschein. Das befördert seine Fantasie.

WAS?

Gewürze schätzt er, ebenso die orientalische Küche. Hummus darf immer im Haus sein und Blauschimmelkäse. Liebt Vergorenes, schimmelig und blutig. Graf Dracula lässt grüßen. Steht auf Fischsauce und Garnelenpaste. Als Nachtisch Kaiserschmarrn, weil man den so schön auseinander reißen kann. Nun, jeder Jeck ist anders. Der Skorpion nagt gern vom Knochen, Stockbrot über offenem Feuer ist genau seins, es darf ruhig etwas verbrannt sein. Er liebt Steaks, Hummer und Rotkohl. Und scharf und bitter darf es sein.

JETZT HAT SAISON:

Rote Bete, Rosenkohl, Grünkohl, Chinakohl

Stockbrot

VOM OFFENEN FEUER

ZUTATEN

400 g Mehl
1 Pck. Trockenhefe
(oder ½ Würfel frische Hefe)
2 TL Salz
½ TL Zucker
3 EL Olivenöl
230 ml lauwarmes Wasser
etwas Mehl zur Teigverarbeitung

ZUBEREITUNG

Mehl, Hefe, Salz und Zucker in einer Schüssel mischen. Olivenöl und lauwarmes Wasser zum Teig geben und alles 3 Minuten auf höchster Stufe mit den Knethaken zu einem glatten Teig kneten. Zugedeckt etwa 30 Minuten ruhen lassen.

Den Teig auf einer leicht bemehlten Arbeitsfläche durchkneten und in 8 Portionen teilen. Zu etwa 20 cm langen Teigsträngen formen und um einen Holzstock wickeln. Den aufgewickelten Teig auf ein Stück Backpapier legen und zugedeckt etwa 15 Minuten ruhen lassen.

Das Stockbrot über der heißen Glut eines Lagerfeuers vorsichtig von allen Seiten goldbraun backen. Alternativ im vorgeheizten Backofen (200 °C Ober-/Unterhitze, Umluft 180 °C) etwa 15 Minuten backen und lauwarm genießen.

Wenn es noch schneller gehen soll, kann man auch fertigen Pizzateig aus dem Kühlregal verwenden.

„Diät ist Mord am ungegessenen Knödel."
– Wiglaf Droste –

Sizilianischer Orangensalat

„CORLEONE" MIT PISTAZIEN UND OLIVEN

ZUTATEN

4 Orangen

20 g Pistazienkerne

50 g schwarze Oliven (ohne Stein)

1 rote Zwiebel

1 Fenchelknolle

4 EL Olivenöl

Salz

Pfeffer

ZUBEREITUNG

Die Orangen schälen und quer in feine Scheiben schneiden. Pistazien ohne Fett in einer Pfanne anrösten, danach grob hacken. Oliven abtropfen lassen. Die rote Zwiebel halbieren und in feine Streifen schneiden. Ebenso den Fenchel.

Pistazien, Oliven, Zwiebel und Fenchel mit Olivenöl mischen. Mit Salz und Pfeffer abschmecken.

Die Orangenscheiben überlappend und kreisförmig auf dem Teller anrichten. Zuletzt Pistazien-Zwiebel-Fenchel-Oliven Topping darüber verteilen und servieren.

Tipp: Wer es besonders spicy mag, mischt noch einige eingelegte Sardellenfilets drunter. Weck den Sizilianer in dir!

Chicken Wings
AUS DEM BACKOFEN

ZUTATEN

1 kg Chicken Wings
4 EL Pflanzenöl
3 TL Paprikapulver, edelsüß oder rosenscharf
1 TL Salz
¼ TL schwarzer Pfeffer

ZUBEREITUNG

Den Backofen auf 200 °C Ober-/Unterhitze vorheizen und ein tiefes Backblech mit Backpapier auslegen. Die Chicken Wings mit einem Küchentuch gut abtupfen.

Für die Marinade das Pflanzenöl mit dem Paprikapulver, dem Salz und dem schwarzen Pfeffer mischen.

Die Chicken Wings von allen Seiten mit der Marinade einpinseln und auf dem Backblech verteilen. Etwa 45 Minuten auf der mittleren Schiene im Backofen garen. Nach der Hälfte der Zeit einmal wenden.

Kaiserschmarrn

ZUTATEN

40 g getrocknete Rosinen (optional)

2 EL Apfelsaft zum Einlegen der Rosinen

4 Eier (Größe M)

60 g Zucker

1 Pck. Bourbon-Vanillezucker

1 Prise Salz

125 g Mehl, Type 405

300 ml Vollmilch (3,5 % oder 3,8 % Fettanteil)

75 ml Mineralwasser mit Kohlensäure

40 g Butter

Puderzucker zum Bestäuben

ZUBEREITUNG

Die Rosinen etwa 15 Minuten in Apfelsaft einweichen.

Die Eier trennen und aus dem Eiweiß einen sehr steifen Eischnee schlagen. Kurz kalt stellen.

Das Eigelb mit dem Zucker, dem Vanillezucker und dem Salz schaumig aufschlagen. Portionsweise im Wechsel Mehl und Milch unterrühren. Zum Schluss das Mineralwasser.

Vorsichtig den Eischnee unterheben und die Rosinen unterziehen. Der Teig ist jetzt recht flüssig, das soll so sein.

Die Butter in einer großen Pfanne bei mittlerer Hitze schmelzen. Den Teig hinzugeben und 5 Minuten ausbacken, bis er an der Unterseite goldbraun ist. Mit einer kleineren Pfanne lieber in zwei Portionen ausbacken! Den Teig vierteln, wenden und weitere 5 Minuten ausbacken.

Den Teig mit zwei Gabeln in mundgerechte Stücke reißen und noch einen Moment weiterbacken lassen. Dann mit Puderzucker bestäubt servieren.

„Das Essen ist eines der vier Zwecke des Daseins. Welches die drei anderen sind, darauf bin ich noch nicht gekommen."
– Charles Baron de Montesquieu –

Schütze

23. NOVEMBER BIS 21. DEZEMBER

Element:	Feuer
Qualität:	Bewegliches Zeichen
Herrscherplanet:	Idealist Jupiter
Farbe:	Sattes Rot

WER?

Ihn inspiriert das Fremde, Exotische und oft bringt er Rezepte von seinen Reisen mit, der rastlose Wanderer. Ändert gern den Kurs, ist ständig auf der Suche, auch nach sich selbst. Seine persönliche Freiheit geht ihm über alles. Lebhaft darf es sein, denn er beobachtet gerne. An Selbstbewusstsein mangelt es ihm nicht. Nun, kann ja nicht schaden. Seine Ungeduld treibt ihn zu schnellem Verzehr. Schreibt während des Essens noch schnell seine Doktorarbeit oder lernt eine Fremdsprache. Hat gerne volle Teller – gerne auch von allem etwas zu viel.

WO?

Der Schütze braucht Überblick, Hügel, Berge, Panorama-restaurants, da findet man ihn. Kommen und gehen, Menschen beobachten, Bahnhöfe, Flughäfen, Hauptsache Bewegung.

WAS?

Sushi findet er super, kann aber auch an keiner Fischsuppe vorbeigehen. Pizza verschmäht er ebenfalls nicht, geht schnell und ist variantenreich. Gegrillt, geröstet und gebacken darf es sein und das, was er selbst erlegen kann. Der Robin Hood der Sternzeichen ist naturverbunden, isst gerne in der freien Wildbahn und nimmt als Nachtisch Früchte des Waldes. Halali! Vorsicht, er hat einen verwöhnten Gaumen und eine Waffe.

JETZT HAT SAISON:

Wirsing, Steckrübe, Feldsalat

Kürbiskern-Dip

Bittschön, habe die Ehre!

ZUTATEN

100 g Butter
100 g Frischkäse
Salz
80 g Kürbiskerne
1 Schalotte
1 Knoblauchzehe
2 EL Kürbiskernöl
Pfeffer
1 EL Aceto balsamico (weiß)
2 EL Schnittlauch

ZUBEREITUNG

Butter, Frischkäse und etwas Salz schaumig rühren. Kürbiskerne ohne Fett in einer Pfanne rösten, salzen und fein mahlen.

Schalotte und Knoblauch schälen, fein hacken und mit den gemahlenen Kürbiskernen, dem Kürbiskernöl und der Buttermischung vermengen. Mit Pfeffer, Salz und Aceto balsamico abschmecken.

Abschließend den Schnittlauch in feine Röllchen schneiden, druntermischen und der Aufstrich ist fertig! Halali …

„Der Bahnwärter ist ein Mann, der sich ständig danach sehnt, ein schrankenloses Dasein zu führen."
– Hans Moser –

Thai-Curry

MIT TOFU, BOHNEN UND INGWER

ZUTATEN

400 g Tofu, natur
200 g Prinzessbohnen
150 g Champignons
2 Schalotten
2 Knoblauchzehen
5 g Ingwer
Pflanzenöl
2 EL rote Thai-Currypaste
250 ml Kokosmilch
200 ml Gemüsebrühe
1 EL Sojasauce
1 TL Zucker
Salz
1 Limette
1 Thai-Chili (optional)
Koriander zum Garnieren
Jasminreis zum Servieren

ZUBEREITUNG

Den Tofu abtropfen lassen, mit Küchenpapier umwickeln und einen schweren Gegenstand darauf legen, um das Wasser herauszupressen. Etwa 20 Minuten stehen lassen. In der Zwischenzeit die grüne Bohnen von den Enden befreien und halbieren, die Champignons vierteln. Die Schalotte schälen und in dünne Scheiben schneiden, Knoblauch und Ingwer schälen und fein hacken. Wenn der Tofu fertig ist, das Küchentuch entsorgen und den Tofu in etwa 2–3 cm große Würfel schneiden.

In einer tiefen beschichteten Pfanne Pflanzenöl bei mittlerer Temperatur erhitzen, Tofuwürfel hineingeben und etwa 2–3 Minuten pro Seite braten, bis alle Seiten goldbraun sind. Aus der Pfanne nehmen und beiseitestellen. Grüne Bohnen zugeben und etwa 3 Minuten braten.

Dann Schalotten, Ingwer und Knoblauch hinzufügen und kurz anbraten, bis es duftet. Rote Currypaste dazugeben, etwa 1 Minute anbraten. Champignons dazugeben und etwa 2 Minuten mitbraten. Mit Kokosmilch und Gemüsebrühe ablöschen und zum Köcheln bringen. Tofu hinzufügen und etwa 5–8 Minuten köcheln lassen, bis das Curry etwas eindickt. Sojasauce und Zucker dazugeben und mit Salz abschmecken.

Limette vierteln und Thai-Chili in dünne Scheiben schneiden. Das Tofu-Curry auf Teller verteilen. Mit Korianderblättern und Chili garnieren. Mit gedämpftem weißem Reis und frischer Limette servieren.

Cidre-Hähnchen

À LA PAUL GAUGUIN

ZUTATEN

500 g Schalotten
3 Knoblauchzehen
1 Hähnchen
1 Glas Calvados
750 ml trockener Cidre
1 Becher saure Sahne
½ Bund Schnittlauch
Salz
Pfeffer

ZUBEREITUNG

In einem Schmortopf die fein geschnittenen Schalotten und Knoblauch mit etwas Öl anbraten. Das Fleisch salzen und pfeffern, in den Topf geben und anbraten. Mit dem Calvados flambieren und danach den Cidre angießen. Zugedeckt etwa 1 Stunde köcheln lassen.

Die Hähnchenteile rausnehmen und warmstellen. Saure Sahne unterrühren und abschmecken. Die fertige Sauce über das Hähnchen gießen und zwanglos Schnittlauch darüberstreuen.

„Nach einer guten Mahlzeit kann man allen verzeihen, selbst seinen eigenen Verwandten."
– Oscar Wilde –

Orangen-Campari-Sorbet

BITTERSWEET, MY DEAR

ZUTATEN

200 g Orangensorbet
4 EL Campari
1 TL Abrieb von 1 Bio-Orange

ZUBEREITUNG

Orangensorbet in einem Rührbecher antauen lassen. Campari und Orangenschale dazugeben und pürieren.

Das Sorbet in eine Schüssel umfüllen und etwa 10–15 Minuten ins Tiefkühlfach geben. Das Campari-Sorbet zum Servieren mit einer Orangenscheibe anrichten. Ein Traum in Rot!

„Das Lachen ist dort am hellsten, wo es Essen gibt."
– Irisches Sprichwort –

Steinbock

22. DEZEMBER BIS 20. JANUAR

Element:	Erde
Qualität:	Kardinalzeichen
Herrscherplanet:	Der alte, weise Saturn
Farbe:	Olivgrün

WER?

Ein wertkonservativer Traditionalist, der gern zeigt, was er hat. Oder er lebt in karger Bescheidenheit, einfach aus Überzeugung und Bockigkeit. Weniger ist mehr. Dennoch sind ihm Wertigkeit und Qualität wichtig.

WO?

Elegante Restaurants, modische, trendige Lokale, wo man sieht und gesehen wird. Oder aber einfache traditionelle Orte. Kleiner Aufwand, große Wirkung. Kann dann auch zuhause sein. Gibt mindestens zwei Sorten Steinböcke.

WAS?

Ein Stück Fleisch auf dem Teller wird nicht verachtet. Wild, Lamm, Steak und ein Glas Rotwein dazu. Stil, Tradition und einen Plan. Mit wenig Aufwand große Wirkung erzielen, trotzdem darf es auch besonders sein. Er gibt gerne den Ton an, ist realistisch und klar. Oft ist er rank und schlank, denn er ist figurbewusst.

JETZT HAT SAISON:

Champignons, Grünkohl, Pfifferling, Petersilienwurzel, Pastinake, Rotkohl

Kürbissuppe

ZUTATEN

1 Hokkaido-Kürbis (ca. 800 g)
1 Zwiebel
1 Knoblauchzehe
2 EL Butter
1 l Gemüsebrühe
Salz
Pfeffer
100 ml Sahne
etwas Petersilie und Chiliflocken zum Garnieren

ZUBEREITUNG

Kürbis waschen, halbieren, vierteln und die Kerne mit einem Esslöffel herausschaben. Das Fruchtfleisch in etwa daumengroße Stücke schneiden. Die Zwiebel schälen und würfeln. Knoblauch schälen und hacken.

Die Butter in einem Topf schmelzen. Zwiebel und Knoblauch darin glasig dünsten. Den Kürbis zufügen und kurz mitdünsten. Mit Brühe ablöschen und mit Salz und Pfeffer würzen. Zugedeckt bei milder Hitze etwa 15 Minuten köcheln lassen.

Etwa drei Viertel der Sahne zufügen und alles fein pürieren. Noch einmal abschmecken. Die Suppe mit der restlichen Sahne und nach Belieben mit Pfeffer, gehackter Petersilie und Chiliflocken anrichten und servieren. Zur Kürbissuppe schmeckt frisches Baguette.

Gebratener Grünkohl

MIT CHILI UND GRANATAPFELKERNEN

Ein Frische-Kick

ZUTATEN

2 El Öl
1 Knoblauchzehe
1 kg Grünkohl
1 Chilischote
1 TL Zitronensaft
Salz
Pfeffer
3 EL Granatapfelkerne

ZUBEREITUNG

Öl in einer Pfanne erhitzen. Knoblauch in kleine Stücke schneiden und anbraten. Gewaschenen Grünkohl ebenfalls in kleine Stücke schneiden.

Den Grünkohl braten, bis er gar ist. Dann die fein gehackte Chilischote unterrühren. Mit Zitrone, Salz und Pfeffer abschmecken und die Granatapfelkerne darüber verteilen.

Rotkohlroulade mit Wildfleisch

UND MARONEN-KARTOFFELPÜREE

ZUTATEN

1 kg Rotkohl
Salz
1 Karotte
50 g Knollensellerie
1 Scheibe Weißbrot
500 g Hirschfleisch aus der Keule
2 EL Dijonsenf
30 g frische Cranberrys
Pfeffer
5 EL Pflanzenöl
1 EL Tomatenmark
1 EL Weizenmehl
150 ml roter Portwein
600 ml Gemüsebrühe
150 g Maronen, küchenfertig
750 g mehligkochende Kartoffeln
250 ml Milch
2 EL Butter
geriebene Muskatnuss

ZUBEREITUNG

Den Backofen auf 180 °C Umluft vorheizen. Den Rotkohl waschen und den Strunk keilförmig herausschneiden, dann in kochendem Salzwasser 12–15 Minuten garen. Karotte und Sellerie schälen, waschen und in Würfel schneiden. Weißbrot ebenfalls grob würfeln.

Das Fleisch trocken tupfen und in Würfel schneiden. Fleisch, Karotten, Sellerie und Weißbrot durch den Fleischwolf drehen. Anschließend mit Senf und Cranberrys mischen und mit Salz und Pfeffer würzen. Gut vermischen. Rotkohl aus dem Wasser heben und etwa 8 große Blätter vom Kopf lösen. Die Blätter trocken tupfen und die dicke, mittige Blattrippe herausschneiden.

Die Fleischmasse in 8 Portionen teilen, jede Portion auf je ein Rotkohlblatt geben und die Rouladen fest zusammenrollen. Öl in einem Bräter auf hoher Stufe erhitzen. Rouladen darin rundherum etwa 3 Minuten anbraten und herausnehmen. Tomatenmark und Mehl in den Bratsud geben, anschwitzen und mit Portwein ablöschen. Anschließend mit Gemüsebrühe auffüllen.

Eine Handvoll Maronen klein schneiden. Kartoffeln schälen, waschen, vierteln und in kochendem Salzwasser etwa 20 Minuten garen. Milch und Butter aufkochen. Restliche Maronen etwa 4 Minuten im Kartoffelwasser mitkochen. Anschließend beides abgießen und stampfen. Warme Milch zugeben und Püree mit Salz und Muskat abschmecken.

Einen Teil des restlichen Rotkohls in Streifen schneiden und mit den Maronenstücken in der Pfanne braten. Rouladen mit Püree und Rotkohl-Maronen anrichten.

Apple-Crumble

„MISS SOPHIE“

ZUTATEN

1 kg Äpfel
1 EL Zitronensaft
60 g Zucker
1 EL Marsala
½ TL gemahlener Zimt
½ TL Vanillepaste
1 Prise Salz

Für die Butterstreusel

100 g Haferflocken
90 g Zucker
80 g Mehl
90 g zimmerwarme Butter
100 g Rumrosinen

ZUBEREITUNG

Äpfel schälen, entkernen und in Spalten schneiden. Zitronensaft, Zucker, Marsala, Zimt, Vanille und Salz mischen und gemeinsam mit den Apfelspalten vermengen.

Für die Butterstreusel Haferflocken, Zucker, Mehl und Butter mit den Händen oder Maschine zu einem Teig verarbeiten.

Den Backofen auf 180 °C vorheizen. Äpfel und Rumrosinen mischen und in eine gefettete, flache Auflaufform füllen. Mit den Butterstreuseln bedecken.

In den Ofen geben und 30–40 Minuten backen.

„Man soll dem Leib etwas Gutes bieten,
damit die Seele Lust hat, darin zu wohnen.“
– Winston Churchill –

Wassermann

21. JANUAR BIS 18. FEBRUAR

Element:	Luft
Qualität:	Fixes Zeichen
Herrscherplanet:	Freiheitskämpfer Uranus
Farbe:	Helles Lichtgelb

WER?

Ein kreativer Luftikus, fantasievoll und unangepasst. Ein sympathischer Exzentriker und Reformer. Er ist modern, freiheitsliebend und sozial. Mag verrücktes Essen, ist originell und intuitiv, dabei wertkonservativ und leidenschaftlich unangepasst. Achtung: Der Wassermann ist ein Luftzeichen und eher Wasserträger! Er macht sich Wasser zunutze, um Landschaften fruchtbar zu machen, ist eine intellektuelle Kraft.

WO?

Moderne Großstadt, in der 27. Etage, hoch oben über der Stadt, fühlt er sich wohl. Auf dem Berg oder im Penthouse: Weit gucken mag er und auch mal seine Ruhe haben, gerne mitten im Trubel mit Rückzugsmöglichkeit.

WAS?

Oliven, Mandeln und Artischocken stehen auf seinem Speiseplan. Unkompliziert, ohne großen Aufwand. In Gedanken eh woanders, deshalb mümmeln sie, was der Kühlschrank hergibt. Aber offen für vieles. Selbst nicht begeistert für Essen. Kochen spontan aus dem, was gerade da ist. Geschmacksstark darf es sein, gut gewürzt, und auch mal ungewöhnlich kombiniert. Es läuft schon mal über, brennt an – kreative Chaosküche!

JETZT HAT SAISON:

Wirsing, Weißkohl

Kapern-Creme "Don Alfredo" –

PATÉ DI CAPPERI

Herzhafter Appetitanreger, kein Gaumenschmeichler!

ZUTATEN

100 g Kapern in Salzlake
Weißweinessig
1 Knoblauchzehe
4 EL Olivenöl
gemischte Kräuter (TK)
Saft und Abrieb von ½ Bio-Zitrone
Salz
Pfeffer

ZUBEREITUNG

Die Salzkapern mehrfach wässern, dann in einer Schüssel mit Weißweinessig bedeckt stehen lassen. Nach etwa 2 Stunden abtropfen lassen.

In einem Mixer die Kapern mit Knoblauch, Olivenöl , Kräutern, Zitronenabrieb und -saft pürieren, bis eine cremige Konsistenz erreicht ist. Nun noch mit Pfeffer und Salz abschmecken.

„Was den Körper speist,
tut der Seele gut."
– Marcel Proust –

Zucchini-Carpaccio

„CAPRI“

Mittelmeerküche pur und schnörkellos

ZUTATEN

2 Zucchini
Meersalz
Pfeffer
3 EL Pinienkerne
6 getrocknete Tomaten in Öl
50 g Datteln
30 g grüne Oliven
Petersilie
Basilikum
Dill
Saft von ½ Zitrone
4 EL Olivenöl
50 ml Apfelessig
1 El Ahornsirup
175 g Ricotta
100 g Rote-Bete-Chips
Piment d'Espelette

ZUBEREITUNG

Den Backofen auf 220 °C Ober-/Unterhitze vorheizen und ein Backblech mit Backpapier auslegen. Zucchini waschen, Enden abschneiden und mit dem Hobel in dünne Scheiben schneiden. Auf dem Blech verteilen.

Zucchini salzen und pfeffern, mit Öl bestreichen und etwa 6 Minuten in den Ofen geben. Danach die Pinienkerne in einer Pfanne ohne Öl rösten.

Getrocknete Tomaten klein schneiden, die Datteln fein hacken und die Oliven in Ringe schneiden.

Petersilie, Basilikum, Dill, Zitronensaft, Olivenöl, Apfelessig, Ahornsirup, Meersalz und Pfeffer in einem hohen Gefäß mit dem Pürierstab zu einer feinen Vinaigrette pürieren.

Zuccinischeiben auf Tellern verteilen, Ricotta zerkrümeln, Pinienkerne drüber streuen und die Vinaigrette verteilen. Als Topping die Rote-Bete-Chips auflegen und mit Piment bestreuen!

Basilikum-Risotto

MIT MOZZARELLA

Deftiges aus Südtirol

ZUTATEN

1 Schalotte
1 Knoblauchzehe
600 ml Geflügelfond
30 g Parmesan
20 g Pinienkerne
4 Scheiben Südtiroler Speck
3 EL Olivenöl
150 g Risottoreis
150 ml Weißwein
2 EL Basilikum-Pesto
20 g Butter
125 g Mozzarella
Basilikum
Pfeffer

ZUBEREITUNG

Schalotte und Knoblauch schälen und klein würfeln. Den Fond erhitzen. Parmesan reiben. Die Pinienkerne ohne Fett rösten und abkühlen lassen. Den Speck mit ½ Esslöffel Öl knusprig braten und auf Küchenpapier legen.

Das restliche Öl erhitzen und Schalotten und Knoblauch glasig dünsten. Nun den Reis dazugeben und kurz mitdünsten. Mit Weißwein ablöschen und einkochen. Ein Drittel des Fonds dazugeben und ebenfalls reduzieren. Den Reis 20 Minuten garen. Nach und nach den restlichen Fond zugeben, gelegentlich umrühren. Pesto, Butter und die Hälfte des Parmesans einrühren, dann 2 Minuten ruhen lassen.

Mozzarella auseinanderreißen und den Speck in Stücke brechen. Den restlichen Käse unters Risotto rühren und danach in tiefen Tellern mit Mozzarella und Speck anrichten. Garnieren mit Basilikumblättchen und mit frischem Pfeffer würzen. Es kann serviert werden …

„Es ist keine gute Küche, wenn nicht aus Freundschaft zu denjenigen, für den sie gemacht wurde."
– Paul Bocuse –

Zitronencreme-Dessert

MIT KEKSBODEN

Schnell, einfach, lecker!

ZUTATEN

- Abrieb und Saft von 4–5 Bio-Zitronen
- 300 ml Wasser
- 150 g Zucker
- 1 Prise Salz
- 50 g Speisestärke
- 260 g Karamellkekse
- 200 g zerlassene Butter
- 300 g Sahne
- 1 Pck. Vanillezucker

ZUBEREITUNG

Den Zitronensaft mit dem Wasser mischen. Zucker, Salz und Stärke zugeben und verrühren. Unter Rühren einmal aufkochen, bis die Masse andickt. Die Masse mit Frischhaltefolie abdecken, damit sich keine Haut bildet, dann abkühlen lassen.

Die Kekse zerkrümeln und mit der Butter mischen. In 4 Dessertgläser geben.

Zwei Drittel der Masse in eine Schüssel geben. Die Sahne mit dem Vanillezucker und dem Zitronenabrieb aufschlagen und unter die Zitronenmasse heben.

Die Hälfte der Creme auf den Keksboden geben. Mit einer Schickt purer Zitronenmasse bedecken, dann mit der restlichen Zitronencreme bedecken.

„Lebensfreude entgiftet die Umwelt."
– Vincent Klink

Fische

19. FEBRUAR BIS 20. MÄRZ

Element:	Wasser
Qualität:	Bewegliches Zeichen
Herrscherplanet:	Feingeist Neptun
Farbe:	Aquamarinblau

WER?

Empfindsam und empathisch, halt Gefühlstypen und gerne darf auch ein bisserl Rausch dabei sein. Fantasievoll und kreativ, was sich auch in ihrer Kochkunst zeigt.

WO?

Die Atmosphäre beim Essen muss gemütlich und romantisch sein. Die Bar ist ihr Lieblingsplatz, wo sie beim Aperitif die Karte studieren können. Kunst, Musik und göttliche Liebe. Ihre Unordentlichkeit sorgt für ein gemütliches Chaos im Esszimmer.

WAS?

Langsam und mit Bedacht: Slow Food. Essen ist Liebe, Verwöhn-Programm und Trost. Gerne mit viel Weißwein und Dessert. Milde Küche, das Bäuchlein darf angenehm gewärmt werden. Fische sind offen, schillernd und mögen es auch ganz gerne ohne Fisch und Fleisch.

JETZT HAT SAISON:

Chicoree, Feldsalat, Rucola, Schnittlauch

Fetadip

MIT PISTAZIEN UND KRÄUTERN

ZUTATEN

4 Zweige Dill
1 Knoblauchzehe
1 mittelscharfe Chilischote
½ Bio-Zitrone
50 g Pistazienkerne
200 g Feta (cremig)
100 g griechischer Joghurt
Salz

ZUBEREITUNG

Dill waschen, trocknen und Spitzen abzupfen. Knoblauch schälen und fein hacken, Chili aufschneiden, Kerne raus und hacken. Die Zitrone heiß waschen, die Schale abreiben und den Saft auspressen.

Pistazienkerne (bis auf 2 TL) mit Feta, Dill und Knoblauch fein pürieren. Zitronenschale, Chili und Joghurt darunter mischen und mit Zitronensaft und Salz abschmecken. Die restlichen Pistazien grob hacken und die Creme mit Dill und den Pistazien bestreuen. Fertig!

Gegrillter Fenchel
MIT NÜSSEN

ZUTATEN

1 große Fenchelknolle
Olivenöl
Meersalz
1 Zweig Rosmarin
1 EL Honig
1 Spritzer Zitronensaft
1 TL geschroteter Pfeffer

ZUBEREITUNG

Die Fenchelknolle zunächst gründlich waschen und trockentupfen. Anschließend die Knolle von Strunk und überschüssigem Grün befreien. Hierbei beachten, dass der Strunk nicht zu nah an der Knolle abgeschnitten wird, da sonst ein Zerfall des Gemüses droht.

Den Fenchel in Scheiben von etwa 2 cm schneiden – immer quer zu den Blättern, sonst zerfällt die Knolle. Die Scheiben mit Olivenöl bestreichen und mit etwas Meersalz bestreuen. Den Fenchel bei hoher Hitze 2 Minuten von beiden Seiten grillen, dann 10 Minuten bei schwacher Hitze ziehen lassen.

Den Rosmarin abzupfen, waschen und mit Honig, Olivenöl und Zitronensaft verrühren. Mit Pfeffer und Salz abschmecken und den Fenchel während des Garziehens immer wieder damit einpinseln.

Kartoffelgratin

„SOULFOOD"

ZUTATEN

1 Knoblauchzehe
800 g festkochende Kartoffeln
Kräutersalz
frisch gemahlene Muskatnuss
250 ml Sahne
250 ml Vollmilch
1 EL Gemüsebrühepulver
Pfeffer
Butterflöckchen

ZUBEREITUNG

Eine flache Gratinform mit Butter einfetten. Den Knoblauch schälen. Entweder fein würfeln und in der Form verteilen oder direkt in die Form pressen. Die Kartoffeln schälen und in feine Scheiben schneiden.

Die Hälfte der Kartoffelscheiben in die Form schichten. Mit Kräutersalz und frisch geriebenem Muskat leicht würzen, anschließend die restlichen Kartoffeln darauf schichten. Die Sahne und die Milch mischen. Mit dem Gemüsebrühepulver, Kräutersalz, Muskat und Pfeffer kräftig würzen. Diese Mischung über die Kartoffeln geben. Butterflöckchen auf dem Gratin verteilen.

Im vorgeheizten Backofen bei 180 °C Ober-/Unterhitze etwa 1 Stunde backen. Heiß servieren.

„Die Seele trägt in sich selbst den Gedanken des Tierkreiszeichens."
– Johannes Kepler –

Creme Caramel

„CARMEN“

eine „Amor fou“ – spanisch-französische Verführung

ZUTATEN

120 g Zucker
+ 4 EL für die Creme

1 EL Zitronensaft

1 Ei

2 Eigelb

150 g Schlagsahne

125 ml Milch

ZUBEREITUNG

Vier ofenfeste Förmchen buttern. Den Zucker in einem Pfännchen bei kleiner Hitze langsam schmelzen bis er karamellisiert. Etwas heißes Wasser und Zitronensaft dazugießen. Köcheln und rühren, bis der Karamell abgelöst ist. Schnell in die Förmchen gießen, bis der Boden bedeckt ist und dann abkühlen lassen.

Ei, Eigelb, Sahne, Milch, und 4 Esslöffel Zucker verquirlen. Förmchen in eine flache Auflaufform stellen. Das Eier-Sahne-Gemisch in die Förmchen gießen. Nun Wasser angießen, bis die Förmchengruppe zu zwei Dritteln im Wasser steht und im vorgeheizten Backofen (150 °C Umluft) stocken lassen. Abkühlen lassen, dann 2 Stunden im Kühlschrank kalt stellen.

> „Ich koche mit Wein, manchmal gebe ich ihn sogar zum Essen dazu.“
> – W.C. Fields –

Sternzeichen

(VER)SUCHT STERNZEICHEN

Welche Sternzeichen harmonieren/matchen miteinander, welche nicht? Will man Gewohntes wiederfinden, auf Vertrautes treffen oder vielleicht doch etwas Neues kennenlernen?

Sucht Fisch also Fisch? Oder sucht Fisch Fahrrad? Oder Meer, stille Wasser, tiefe Wasser? Naürlich spielt Neugier eine entscheidee Rolle, sonst kommt es zur inflationären, inzestösen „Überfischung". Also, mutig einen Blick über den eigenen Tellerrand wagen, den persönliche Tierkreis hinaus und neue Geschmacksrichtungen kennenlernen. Viele kleine Vorspeisen, Tapas, Mezze, Pinxtos, Sushi , Dips, Minipizzen und Fingerfood sind dafür bestens geeignet und gleichzeitig enorm kommunikativ. Eine ausgewogene Mischung von vegetarischen Gerichte, Speisen mit Fisch oder Fleisch, sowie scharfen und milden, säuerlicher und süßlichen Snacks erlauben vielfältige Probiermöglichkeiten. Zunge und Gaumen müssen herausgefordert werden. Am Ende wird jedes Sternzeichen zufrieden sein oder Neues kennenlernen. Selbstverständlich werden dazu Getränke gereicht. Vom grünen Tee bis zum grünen Veltliner sollte alles dabei sein. Die Stimmung kann sebstverständlich von weinselig bis sternhagelvoll hin- und herschwanken.

STIER UND LÖWE:

Ihre Liebe zu gutem Essen verbindet sie und beide schätzen hochwertige, teure Gerichte. Wahre Genießer, die außerdem ein schönes Ambiente mögen, das Gesamtpaket.

WIDDER UND SKORPION:

Ihre Welt sind kräftige, intensive Aromen. Scharfe, exotische und ungewöhnliche Geschmäcker.

WIDDER UND WASSERMANN:

Schnell, unkompliziert und spontan darf es sein, gerne vom Foodtruck um die Ecke. Hauptsache, es ist gegessen, dann geht es gleich weiter.

KREBS UND FISCH:

Gefühl und Trost bestimmen diese beiden Sternzeichen. Beruhigende, herzhafte Gerichte, die Erinnerungen an die Kindheit wecken und Geborgenheit schenken.

JUNGFRAU UND STEINBOCK:

Bodenständig, einfach, aber gesung und nahrhaft soll es sein. Qulität und Bekömmlichkeit, ohne große Experimente verbinden beide.

JUNGFRAU UND STIER:

Die Jungrau mit ihrer Vorliebe für achtsame, gesunde Ernährung und der Stier mit seiner Wertschätzung für hochwertige Zutatzen, versprechen eine interessante und bereichernde Kombination.

WAAGE UND SCHÜTZE:

Die Waage liebt Ästhetik und Geselligkeit am Esstisch, während der Schütze gerne Feste feiert und das Essen mit Freunden und Familie teilt. Diese Eigenschaften können zu anregenden und genussvollen Essenserlebnissen führer.

STIER UND KREBS:

Die Liebe des Stiers zum Genuss und die fürsorgliche Art des Krebses könnten eine harmonische Kombi ergeben. Beide schätzen eine gemütliche Atmosphäre und das gemeinsame Genießen von Mahlzeiten.

Italienischer Minipizza-Abend

MIT STERNZEICHENBELAG – für jeden etwas!

ZUTATEN PIZZATEIG

500 g Weizenmehl, Type 405
1 TL Salz
1 TL Zucker
150 ml Milch
100 ml kaltes Wasser
½ Würfel Hefe
4 EL Olivenöl

ZUBEREITUNG PIZZATEIG

Über eine Schüssel das Mehl sieben, Salz und Zucker dazu. Milch mit Wasser vermischen und die Hefe hineingeben. Auflösen lassen. Flüssigkeit mit dem Olivenöl zum Mehl geben und verkneten. Mit der Hand, wie früher, oder die Knetmaschine machen lassen. Mit einem Geschirrtuch abdecken und an einem ruhigen, warmen Ort etwa 1 Stunden gehen bzw. ruhen lassen.

Anschließend den Teig auf einer bemehlten Oberfläche ausrollen und 12 Mini-Pizzen ausstechen. Den Backofen auf 280 °C Ober-/Unterhitze vorheizen. Die Pizza mit dem Belag nach Wahl belegen und 10–15 Minuten backen.

DIE STERNZEICHENBELÄGE

WIDDER

Unser Hitzkopf mit Lebensfreude braucht Schärfe und Aromen: Pizza „Diavolo" mit Chorizo, Zwiebeln und Peperoni.

STIER

Eigentlich kein Pizzafreund, aber wenn, dann Pizza de Luxe (mit allem) oder die Edelvariante Pizza Tartufa mit Trüffel.

ZWILLING

Pizza Spinaci mit Spinat und Tomaten für das „gesunde Gefühl".

KREBS

Unser Soulfood-Freund schätzt die Pizza Calzone, aber auch Prosciutto.

LÖWE

Das langhaarige Tier nimmt die „Speziale" (von allem). Gerne auch „Hummerpizza" mit 'nem Glas Champagner.

JUNGFRAU

Bitte keine Experimente. Also die klassische „Margherita".

WAAGE

Pizza mit Artischocken. Ananas wegen der Optik und Frucht.

SKORPION

Frutti di mare oder würzig (Sardellen, Oliven, Kapern).

SCHÜTZE

Ungeduldig sind Ziegenkäse, Walnuss, Honig schnell verzehrt und die Gedanken schweifen schon wieder zu Neuem.

STEINBOCK

Funghi, Salami, Oliven Mozzarella, erdig – bodenstäng.

WASSERMANN

Unkompliziert und ohne viel Grübeln über die Speisekarte darf es gern eine „Quattro Stagioni" sein: alles drauf und immer lecker!

FISCHE

Tonno, also Thunfisch, Capricciosa oder auch „Mare salmone". Es soll gut aussehen, einen klangvollen Namen haben und besonders sein.

ENERGIEN, PLANETENKRÄFTE UND ELEMENTE – GRUNDLAGEN SCHNELL ERKLÄRT

Die Basis des persönlichen Horoskops bilden die Tierkreiszeichen mit den ihnen zugeordneten archetypischen Energien:

Widder: Pioniergeist, Initiative, Tatkraft

Stier: Beständigkeit, Sinnlichkeit, Besitz

Zwillinge: Kommunikation, Neugier, Beweglichkeit

Krebs: Emotion, Fürsorge, Heimat

Löwe: Selbstausdruck, Kreativität, Führung

Jungfrau: Ordnung, Analyse, Dienst

Waage: Harmonie, Partnerschaft, Ausgleich

Skorpion: Transformation, Intensität, Tiefgang

Schütze: Freiheit, Sinnsuche, Expansion

Steinbock: Disziplin, Verantwortung, Struktur

Wassermann: Innovation, Individualität, Gemeinschaft

Fische: Empathie, Spiritualität, Hingabe

Auf diesem Grundgerüst wirken unter anderem die Planetenkräfte. In der Astrologie gelten Sonne und Mond dabei ebenfalls als „Planeten", genauer als Lichtgestirne. Jeder Himmelskörper symbolisiert dabei eine bestimmte Funktion oder Energie im Menschen. Die Stellung dieser Planeten in den Zeichen zeigt, auf welche Weise eine bestimmte Energie zum Ausdruck kommt.

Sonne: Selbst, Lebensenergie, Identität

Mond: Gefühle, Bedürfnisse, innere Sicherheit

Merkur: Denken, Sprache, Lernfähigkeit

Venus: Liebe, Werte, Ästhetik

Mars: Wille, Durchsetzung, Aktivität

Jupiter: Wachstum, Optimismus, Glaube

Saturn: Struktur, Grenzen, Verantwortung

Uranus: Freiheit, Umbruch, Originalität

Neptun: Intuition, Idealismus, Auflösung

Pluto: Macht, Wandlung, Regeneration

Die Tierkreiszeichen lassen sich außerdem nach Qualitäten und Elementen verschiedenen „Gruppen" zuordnen. Das führt nun aber vielleicht zu weit, deshalb nur in aller Kürze eine Übersicht über die vier Elemente:

FEUER

Widder, Löwe und Schütze

Feuerzeichen zeichnen sich durch eine leidenschaftliche und energiegeladene Natur aus. Sie gelten als enthusiastisch, mutig, nach Wachstum strebend, impulsiv und üben eine Faszination aus auf ihre Mitmenschen.

ERDE

Stier, Jungfrau und Steinbock

Diese Zeichen sind geprägt von der stabilen und bodenständigen Natur ihres Elements. Sie gelten als pragmatisch und zuverlässig und haben oft ein hohes Sicherheitsbedürfnis. Erdzeichen sind geduldig und begeistern sich für die schönen Dinge des Lebens.

LUFT

Zwillinge, Waage und Wassermann

Luftzeichen sind kommunikativ, visionär und streben nach Abwechslung. Sie sind oft sozial, geistreich und haben ein Talent dafür, Ideen zu entwickeln und sich neuen Perspektiven zu öffnen.

WASSER

Krebs, Skorpion und Fische

Wasserzeichen sind oft von emotionaler Tiefe geprägt. Sie sind einfühlsam und haben eine starke Verbindung zu ihren eigenen Gefühlen, sind aber auch anderen gegenüber empathisch. Wasserzeichen sind oft kreativ und haben ein gutes Gespür für Interaktion.

Die Deutung des Horoskops ergibt sich dabei nie aus einem einzelnen Faktor, sondern immer aus dem Zusammenspiel der Gegebenheiten. Die Astrologie ist weniger eine deterministische Wissenschaft, sondern vielmehr eine symbolische Sprache. Zeichen, Planeten, Elemente etc. bilden die Vokabeln, die ein erfahrener Astrologe deutet, um Muster, Chancen und Herausforderungen zu erkennen.

Register

UDO THIES
(Krebs)

wollte nach dem Abitur eigentlich Sport studieren und eine Laufbahn als Trainer oder Sportlehrer einschlagen. Dann entdeckte er seine Leidenschaft für das Theater, besuchte die westfälische Schauspielschule in Bochum und begnügte sich fortan damit, sportlich gekleidet zu sein. Neben zahlreichen Engagements an renommierten deutschen Theatern ist er einem großen Publikum vor allem durch seine zahlreichen Film- und TV-Rollen bekannt, darunter „Tatort“ (ARD), „Helen Dorn“ (ZDF) oder „Danni Lowinski“ (SAT.1). Seine Liebe zur Kulinarik wurde schon früh geprägt – Vater Weinhändler, Mutter begeisterte Hobbyköchin, die Großeltern hatten eine Gastwirtschaft. Und schließlich gibt es auf der Bühne und am Herd zahlreiche Parallelen: Um die Gäste zu überzeugen, braucht es Liebe, Leidenschaft und Proben.

ANTONIA LANGSDORF
(Steinbock)

zählt zu den führenden AstrologInnen im deutschsprachigen Raum. Durch zahlreiche Reisen mit der Familie in Griechenland und Ägypten entdeckte sie nicht nur ihre Begeisterung für die Mythen des Altertums und des Sternenhimmels, sondern auch für fremdländische Esskultur und Gastfreundschaft. Noch während ihrer astrologischen Ausbildung nutzte sie ihre Medienkarriere, um die Astrologie einem breiten Publikum zugänglich zu machen: Ihre „Astroshow“ und „Astrotrends“ auf RTL sind legendär. Heute zählt ihr YouTube-Kanal „Antonias Sterne“ mit sechsstelligen Aufrufen zu den meistbesuchten deutschen Astro-Channels. Ihr liebstes Hobby: Partys schmeißen und die Gäste mit tollem Essen verwöhnen!

Impressum

Bibliografische Information der Deutschen Bibliothek.

Die Deutsche Bibliothek verzeichnet diese Publikation in der Deutschen Nationalbibliografie.

Detaillierte bibliografische Daten sind im Internet über http://www.dnb.de/ abrufbar.

Bei Fragen zur Produktsicherheit wenden Sie sich an

Edition Michael Fischer GmbH
Kistlerhofstr. 70
81379 München
kontakt@emf-verlag.de

EIN BUCH DER EDITION MICHAEL FISCHER

1. Auflage 2025

Cover: Janine Kühnle, Svenja Kuhn

Layout & Satz: Svenja Kuhn

Produktmanagement und Lektorat: Ulrike Reihn-Hamburger

Fotos: Jo Kirchherr, Köln
Mit Ausnahme von: © Shutterstock.com: Zodiac, Symbole und Sterne: artuco, Sternenhintergründe: Sahara Prince, Widder: Tribalium, weitere Tierkreiszeichen: WinWin artlab / mountain beetle
Autorenportraits: Archiv der Autorin und © Fabian Stuertz

ISBN 978-3-7459-2494-7

Gedruckt bei Gedruckt bei PNB Print SIA „Jansili", Silakrogs, Ropazu novads, LV-2133, Lettland

www.emf-verlag.de